Mosaik bei
GOLDMANN

Gerd Siemoneit-Barum
Robert Griesbeck

Die Kunst, mit dem Tier im Menschen umzugehen

So entschlüsseln Sie das Verhalten
Ihrer Mitmenschen

Mosaik bei
GOLDMANN

Die Ratschläge in diesem Buch wurden von den Autoren und vom Verlag sorgfältig erwogen und geprüft, dennoch kann eine Garantie nicht übernommen werden. Eine Haftung der Autoren bzw. des Verlags und seiner Beauftragten für Personen-, Sach- und Vermögensschäden ist ausgeschlossen.

Bildnachweis:
Fotos: Getty Images/Valerie Shaff: 161; Hayden Oake/ardea.com: 27; Walter Schels, Hamburg: 11, 55, 95, 133, 197

FSC
Mix
Produktgruppe aus vorbildlich
bewirtschafteten Wäldern und
anderen kontrollierten Herkünften

Zert.-Nr. SGS-COC-1940
www.fsc.org
© 1996 Forest Stewardship Council

Verlagsgruppe Random House FSC-DEU-0100
Das für dieses Buch verwendete FSC-zertifizierte Papier *Munken Print* liefert Arctic Paper Munkedals AB, Schweden.

1. Auflage
Vollständige Taschenbuchausgabe April 2009
Wilhelm Goldmann Verlag, München,
in der Verlagsgruppe Random House GmbH
© 2007 GRÄFE UND UNZER VERLAG GmbH, München
Alle Rechte vorbehalten
Umschlaggestaltung: Design Team München
Illustrationen: Heidemarie Vignati, München
Redaktion: Janette Schroeder
Satz: Uhl + Massopust, Aalen
Druck und Bindung: GGP Media GmbH, Pößneck
MV · Herstellung: IH
Printed in Germany
ISBN 978-3-442-16996-2

www.mosaik-goldmann.de

Inhalt

Erkennen Sie das Raubtier in sich und in Ihren Mitmenschen. Lernen Sie sein Verhalten zu verstehen und zu respektieren, dann werden Sie mit Leichtigkeit in der Manege des Lebens bestehen.

Vorwort

Den Anstoß zu diesem Buch gab ein Leserbrief, der im SPIE-
GEL im Oktober 2005 abgedruckt worden war. Der Brief be-
zog sich auf das vorausgegangene Titelbild, eine Fotomon-
tage, auf der die frischgebackene Kanzlerin Angela Merkel
im Kreis ihrer männlichen »Freunde« zu sehen war. Dazu
schrieb ein gewisser Gerd Siemoneit-Barum: »Ich kann Frau
Merkel aus meiner jahrelangen Erfahrung als Zirkusdirektor nur den Tipp geben, dass man Raubtiere nicht zähmen
kann. Meine Aufgabe als Dompteur war es, die notwendige
Disziplin aufrechtzuerhalten. Es ist lebenswichtig, ständig
die Kommunikation der Tiere untereinander im Auge zu behalten und ihnen immer einen Schritt voraus zu sein. Ist die
Keilerei unter den Großkatzen erst einmal im Gange, ist es
zu spät, einzugreifen.«

Noch am selben Tag hatte ich den Zirkusdirektor und
Dompteur am Telefon. Wir unterhielten uns fast eine Stunde
lang, kamen von Angela Merkel und »ihren Raubtieren« zu
den Problemen, die ein Zirkus im Medienzeitalter hat, und
schließlich zum Vergleich von Raubtieren in der Manege
mit Managern in der Chefetage eines Unternehmens. Nach
dem Gespräch beschloss ich, Gerd Siemoneit-Barum zu besuchen. Die Idee, was daraus werden sollte, war noch recht
vage, aber ich war mir damals schon sicher, dass die Erfahrungen dieses Psychologen in der Manege auch außerhalb
des Zirkuszelts wertvoll sein würden.

Tatsächlich lernte ich ihn eine Woche später persönlich

kennen, und aus einer Serie von Interviews entwickelte sich ein reger Gedankenaustausch. Schließlich entstand ein Buch, das die Erfahrungen eines Tierdompteurs und ihre Übersetzung auf menschliches Verhalten zum Thema hat.

Robert Griesbeck

Direktor & Dompteur

Wie man zum Tierbändiger wird

Gerd Siemoneit kam 1931 in Ostpreußen zur Welt, und eine seiner ersten deutlichen Erinnerungen – und sicher auch prägenden Erfahrungen – war, dass er als Vierjähriger von einem nach hinten auskeilenden Pferd am Kopf getroffen wurde. Was bei den meisten Kindern zu einer therapiewürdigen Pferdephobie geführt hätte, hatte bei dem kleinen Gerd gerade den gegenteiligen Effekt: Er verliebte sich endgültig in Pferde. Natürlich hatten ihn die Pferde im Kavalleriestall seines Vaters (eines Soldaten, der keine zehn Jahre später in Russland fallen sollte) schon vorher fasziniert, aber jetzt wurde aus dem Interesse Passion – aus dem Pferdefreund wurde ein wahrer Tierfanatiker.

Als er 1943 mit zwölf Jahren zum ersten Mal einen Zirkus besuchte, war das für ihn wie eine Erleuchtung. Er hatte zwar schon damals gewusst, dass er einmal mit Tieren arbeiten wollte, doch jetzt wurden seine Vorstellungen konkreter. Das Zirkusfieber hatte ihn erfasst. Er wollte reisen, mit exotischen Menschen und Tieren zusammentreffen, Abenteuer erleben, vom Publikum bewundert werden. Er wollte Raubtiere dressieren – und er wollte einmal einen eigenen Zirkus besitzen. Seit damals hatte der kleine Gerd Siemoneit – der immerhin nicht aus einer Zirkusfamilie stammt – ein ungewöhnliches Berufsbild vor Augen: Weltreisender, Showman und Tiertrainer.

Erstaunliche Gedanken für einen Zwölfjährigen, aber die Zeiten waren andere; er kannte die Härte des Kasernenlebens zu Zeiten des Krieges, er konnte mit Pferden umgehen, und er war geborener Ostpreuße – ein Menschenschlag, dem man üblicherweise große Hartnäckigkeit nachsagt.

Aber alle großen Pläne waren im Deutschland kurz vor dem Ende des Zweiten Weltkriegs nur Träume. Die Siemoneits flohen aus Ostpreußen und kamen im November 1944 nach Dresden, erlebten die Bombardierung mit, flohen weiter nach Westen – zuerst ins Grenzdurchgangslager Friedland, in der Nähe der Stadt Göttingen, dann nach Hamburg. Aus der damaligen Zeit ist Gerd Siemoneit nur eines im Gedächtnis geblieben: Als inzwischen 15-Jähriger sieht er, wie ein Zirkus seine Zelte nahe der Landungsbrücken aufschlägt. Er fragt seine Mutter, ob er dort arbeiten darf, und als sie es verbietet, packt er eines Nachmittags seinen Seesack und haut einfach ab.

Von der Pike auf

Als er bei der Direktion vorstellig wird und um Arbeit nachfragt, schickt ihn die Chefin (in Deutschland kurz nach dem Weltkrieg gibt es jede Menge Chefinnen) wieder nach Hause. Aber Gerd ist bockig, nein, es ist mehr: Er hat einen Traum, und er ist Ostpreuße. Er kauft sich eine Eintrittskarte für die Tierschau des Zirkus, setzt sich bei den Elefanten auf seinen Seesack und bleibt dort einfach sitzen. Die Tierschau schließt, man will den Jungen wegschicken, doch der bleibt stur. Bis sich endlich ein Tierpfleger erbarmt und bei der Direktorin ein gutes Wort für ihn einlegt. Daraufhin darf der 15-Jährige bei den Tieren helfen – füttern, waschen, ausmisten und die Pferde vor dem Auftritt striegeln. Und weil

Gerd vom Zirkus ebenso besessen ist wie von den Tieren, klettert er schnell die erste Sprosse seiner Karriereleiter hinauf. Reiten hat er von seinem Vater gelernt, also darf er die Pferde bewegen, später lässt man ihn sogar Pferde einreiten, und weil er so viel Begabung zeigt, darf er endlich mit in die Manege. Mit 16 Jahren galoppiert Gerd Siemoneit zum ersten Mal durch die Manege und ist glücklich. Was für andere die Bretter sind, die die Welt bedeuten, sind für ihn die Sägespäne, die von Löwenpranken, Elefantenfüßen, Pferdehufen und Artistenstiefeln aufgewirbelt werden. Er wird Kunstreiter. Die Zirkuszelte, in denen er arbeitet, werden immer größer. Und er tourt durch ganz Europa. Aber seinen großen Traum vergisst er nicht.

Natürlich wusste er, dass kein Zirkusdirektor ihn einfach als Aushilfsdompteur anstellen würde und dass keines seiner großen Vorbilder ihm mal eben zum Üben seine Raubtiergruppe ausleihen würde. Wer Dompteur werden will, muss viel Geld in seinen Traum stecken: Denn Tiere sind teuer, und es dauert lange, bis eine Nummer steht. Ein Dompteur muss in seine Vorstellung investieren, in den Käfig und dessen Einrichtung, in seine Tiere natürlich, in Futter und in viel Trainingszeit. Gerd Siemoneit jedoch war ein armer Schlucker, also sammelte er seine Erfahrung erst einmal bei seinen Pferden. Und das war spannend genug.

Er, der schon als Vierjähriger sicher im Sattel gesessen hatte und dem kein Gaul Angst machte, musste erkennen, dass das Verhalten von Tieren sich als komplexer und komplizierter erweist, je näher man ihnen kommt – und umso mehr man von ihnen fordert. Als Herrscher über die Tiere hatte er sich zwar nie gefühlt, aber schon als kleiner General, der mit Schenkeldruck und lauter Stimme noch jedes Pferd im Griff hatte. Er musste noch einiges lernen. Es kostete ihn viel Zeit, ein paar gebrochene Finger und ein zerschmettertes Knie, bis er die sensiblen Zusammenhänge innerhalb einer Pferdeherde verstanden hatte.

Damals merkte er schon, dass es gar nicht so leicht ist, die Pferde und ihr Verhalten zu begreifen. Je mehr er das Wesen der Tiere verstand, mit denen er arbeitete, desto besser begann er auch sich selbst und seinen eigenen Charakter zu verstehen. Er wuchs, wie er das heute erklärt, auch als eigenständige Persönlichkeit mit seiner Dressurarbeit. Ein unreifer Dompteur bleibt immer ein lauter Kommandeur, nur ein reifer Dompteur wird ein verständnisvoller Trainer, ein Coach. Diese Lehren aus den ersten Jahren beim Zirkus prägten seinen ganzen weiteren Lebensweg. Er erkannte, dass Tiere nicht nur aufgrund ihrer Rassen verschieden sind, sondern dass jedes einzelne Tier einen ganz individuellen Charakter hat, den man durch aufmerksame und genaue Beobachtung ergründen muss.

Nach den Pferden kamen die Elefanten. Auch diese Begegnungen kosteten anfangs Mühe, blaue Flecke und ein paar kräftige Rüsselschwinger. Die neuen Erfahrungen waren spannend, trotzdem behielt er sein großes Ziel immer im Auge: die Raubkatzen – Löwen, Tiger, Leoparden.

Die Karriere eines Autodidakten

Dompteur zu werden ist gar nicht so einfach. Es gibt keinen Ausbildungsplatz für Raubtierbändiger, und das ist bis heute so geblieben. Es gibt keine Schulbücher und keine Ausbildungscamps. Dompteur ist kein Lehrberuf. Der junge Gerd Siemoneit musste erfahren, dass jeder, der mit Raubtieren arbeitet, sich alles selbst beigebracht hat und sein Wissen wie einen Schatz hütet. Trotzdem gab er nicht auf. Also beobachtete er die Dompteure in seinem Zirkus, um nach und nach hinter ihre kleinen und großen Tricks zu kommen. Er half beim Käfigaufbau und beim Füttern der Raubkatzen, er beobachtete jede Kleinigkeit und verbrachte jede freie Minute vor den Raubtierkäfigen. Er lernte viel und schaute den Profis manchen Trick ab. Aber all das war nicht genug. Er wusste, dass es nur einen Weg gab, um Dompteur zu werden: Er musste selbst zu den Raubtieren in den Käfig gehen und die Tür hinter sich schließen.

Dompteure sind seltsame Menschen, oder besser gesagt, besondere Menschen. Auf jeden Fall müssen sie über eine gehörige Portion Nonkonformismus und Willensstärke verfügen. Tierliebe allein reicht nicht, denn Löwen sind eben keine Hauskatzen, und bei aller Zuneigung darf man nie vergessen, dass eine kleine Unachtsamkeit tödlich enden kann – und nur im besten Falle schmerzhaft.

Dass Gerd Siemoneit an der rechten Hand zwei Glieder des Ringfingers fehlen, hängt mit einer solchen kleinen Unachtsamkeit zusammen. Es war 1958 in Mannheim, als er mit einer gemischten Gruppe von Löwen und Tigern auftrat. Nach dem Schlussapplaus streckte Siemoneit die Arme weit aus, wobei eine Hand dem Maul des Löwen Darius etwas zu nahe kam. Der Löwe machte einen kurzen Happs, und ab war der Finger. Das Publikum hatte nichts bemerkt, denn Siemoneit ballte sofort die Hand zur Faust, hielt sein Lächeln, bis alle Tiere den Manegenkäfig wieder verlassen hatten, verbeugte sich noch einmal und ging.

Es war übrigens nicht der Biss, der für ihn so schmerzhaft war – es waren zwei andere Sachen. Zum einen entzündete sich die Wunde (was bei fast allen Tierbissen die Gefahr ist) und wuchs sich zu einer monatelangen, schweren Behinderung aus, zum anderen haderte Siemoneit mit sich selbst, weil er so leichtsinnig gewesen war und den Löwen quasi zu einer solchen Reaktion ermuntert hatte. Er war nicht böse auf Darius. Schließlich war das Tier sein Schüler, und er als Lehrer musste immer der Klügere sein.

Murphys Gesetz wurde bestimmt in der Manege gefunden, denn auch das muss eine frühe Einsicht aller überlebenden Dompteure sein: Alles, was schiefgehen kann, geht auch schief. Das muss man wissen und darf deshalb niemals nachlässig oder überheblich werden. Routine ist tödlich in diesem Beruf.

Auch andere Berufe haben im Laufe der Jahrhunderte nichts von ihrer Härte und Eindeutigkeit verloren: Irgendwann muss der Chirurg zum ersten Mal ins lebende Fleisch schneiden, irgendwann muss die Hebamme erstmals einem Kind allein auf die Welt helfen – und irgendwann muss ein Dompteur eben zum allerersten Mal zu den Raubtieren in den Käfig gehen.

Im Januar 1952 bekam Gerd Siemoneit endlich seine Chance
– er durfte in die Raubtiermanege. Im Circus Barum, in dem
Siemoneit als Kunstreiter auftrat, führte ein älterer Dompteur eine Gruppe von drei Tigern und zwei Löwen vor. Die
Direktion wollte den Mann für die nächste Spielzeit nicht
mehr engagieren, weil er dem Alkohol etwas zu kräftig zu-
sprach. Man suchte nach einem zuverlässigen und jüngeren
Mann. Siemoneit bot sich an, zeigte, was in ihm steckte.
Und er hatte Glück – jenes Glück, das bekanntermaßen nur
der Tüchtige hat. Gerd Siemoneit arbeitete die ganze Winterpause über mit den Tieren. Und nach langen Proben
konnte er der Direktion schließlich seine Gruppe vorführen.
Er wurde engagiert, und der erste Auftritt vor Publikum fand
mit Beginn der Zirkustournee im März 1952 statt. Jetzt war
er Dompteur.

Endlich am Ziel

Siemoneits Zirkusgeschichte als Raubtierdompteur ist schnell
erzählt – obwohl man das auch langsam machen könnte,
aber das wäre ein anderes Buch –, er stellte eine gemischte
Gruppe aus Löwen, Tigern, Leoparden und einem Panther
zusammen, trainierte über ein Jahr, tourte durch Europa,
trat unter anderem auch im berühmten englischen Freizeit-
paradies Blackpool auf, wurde schwer verletzt und lag im
Krankenhaus, nahm immer neue Engagements an, stellte
neue Raubtiergruppen zusammen, wurde berühmt mit dem
Schwarzen Panther, den er mitten im Sprung auffing, wurde
wieder verletzt, kam wieder zurück in die Manege, kaufte

1970 den Traditionszirkus Barum und war nun plötzlich beides: Dompteur und Zirkusdirektor. Nun musste er Tiere und Menschen führen. Er hatte sich seinen Jugendtraum erfüllt, und auf diesem Weg ist aus ihm ein echter Dompteur geworden.

Aber was ist ein echter Dompteur? Bei der Begriffsbestimmung hilft die Abstammung des Worts: Der *dompteur* kam aus Frankreich zu uns, hat seine Wurzel jedoch im Wort *domitare* aus der Sprache der alten Römer. Kaum ein lateinisches Verb hat übrigens so viele Bedeutungen: gerade machen, lenken, ordnen, bewältigen, richten, beraten, Recht verschaffen, zurechtweisen, anweisen, bestimmen, zähmen, regieren, führen, beherrschen, bändigen, aufrichten, aufstellen, darlegen, erklären, bessern, senden, unterrichten und urbar machen. Man sieht also, die Anforderungen an einen Dompteur sind ziemlich breit gefächert.

Tierdressur und Menschenführung

Gerd Siemoneits Erfahrungen in der Manege haben ihm auch bei der Arbeit mit Menschen geholfen, denn er befindet sich als Zirkusdirektor in der gleichen Verantwortung wie der Chef einer mittelständischen Firma. Mit immerhin 100 Angestellten, 100 Tieren und 200 Wagen, die es zu dirigieren gilt, ist der Job vielleicht sogar anstrengender, als eine Softwarefirma zu leiten. Siemoneit muss jede Spielsaison akribisch vorausplanen, eine exakt ausgearbeitete Tournee von Ende März bis Anfang November. Er muss Logistik und Notfallpläne erstellen, Werbung machen, Verhandlungen mit Städten und Gemeinden führen, die Auswahl der Artisten treffen und das Programm zusammenstellen.

Auch wir können von Gerd Siemoneits Erfahrungen mit Tieren in der Manege und mit Menschen in einem Zirkusunternehmen profitieren, soweit sie sich auf unseren Alltag übertragen lassen. Denn in Siemoneits über 60-jähriger Praxis hat sich herausgestellt, dass die Arbeit in der Manege erstaunlich viel mit menschlicher »Beziehungsarbeit«, Erziehung und Menschenführung zu tun hat.

Die Eigenschaften eines guten Dompteurs sind denen eines geschickten Lehrers, der seine Schüler zu motivieren versteht, eines durchsetzungsfähigen Politikers, der das Vertrauen seiner Wähler besitzt, und eines brillanten Chefs, dem seine Mitarbeiter folgen, sehr ähnlich. Es wäre kein schlechteres Leben, wenn mehr gute Dompteure unter uns lebten.

Allgemeine Irrtümer über Raubtierdressur

Nach meiner Erfahrung hat die Vorstellung, die sich die meisten Menschen von einem Dompteur machen, mit der Wirklichkeit wenig zu tun. Entweder erwarten sie einen kühnen Herkules, der sich mit Todesverachtung den Bestien stellt, oder einen Tierquäler, der sich mit Brachialgewalt die grimmigen Raubkatzen unterwirft. Diese Rollenbeschreibung passt zu keinem Dompteur – denn wer sich so verhält, der wird nicht lange überleben.

Vor etwa 2000 Jahren erlebten Menschen wahrscheinlich erstmals wilde Raubtiere in einer Arena, doch das Publikum wollte keine Kunststücke sehen. Den Römern der Antike ging es nur darum, mitzuerleben, wer diese Begegnung überlebte – das Raubtier oder der Mensch. Im *Circus maximus* waren dies traditionell die Raubtiere.

»Früher mussten Raubtiere keine Kunststücke vorführen. Das Publikum interessierte sich nur dafür, ob der Mensch von den wilden Tieren zerrissen wurde oder nicht.«

Und noch vor 200 Jahren war ein Dompteur ein Mensch, der sich gegen die wilde Angriffswut von Löwen und Tigern verteidigte, solange sein Mut reichte. Man präsentierte die Raubtierschau auch nicht in einer Manege, sondern in einem Käfigwagen, der abseits des Zirkuszelts stand. In diesem mannshohen Käfig trieb man die Löwen mit Eisenstangen in eine Ecke, bis der Tierbändiger den Käfig betreten und die Tür hinter sich geschlossen hatte. Dann wurden die Stangen zurückgezogen, die Tiere griffen den Mann sofort an, und der hielt sie sich, so gut es ging, vom Leib. Niemand erwartete, Kunststücke zu sehen. Das Publikum interessierte sich nur dafür, ob der Mann im Käfig seinen Einsatz überlebte oder nicht.

Der Beginn der Raubtierdressur

Ende des 18. Jahrhunderts konnte man in England zum ersten Mal die zarten Anfänge einer wirklichen Raubtierdressur sehen. Im berühmten Zirkus Lord George Sanger bestiegen Löwen Postamente, richteten sich auf Befehl auf und legten sich nebeneinander auf den Boden. Mitte des 19. Jahrhunderts entwickelte die für ihren Tierpark berühmte Hamburger Familie Hagenbeck die zahme Dressur: eine einfühlsame Methode der Kontaktaufnahme mit den Tieren, die jedem Tier seine eigene Persönlichkeit, einen besonderen Charakter und individuelle Fähigkeiten zugesteht. Und die vor allem Achtung vor dem Tier und seiner Einzigartigkeit hat. Seither ist dieser Weg der einzig professionelle. Mag sein, dass es irgendwo auf der Welt noch peitschenknallende Raubeine gibt, die eine Horde fauchender und brüllender Raubtiere im Zaum halten. In einem großen Zirkus gibt es sie jedenfalls nicht mehr.

Die heutigen Tierschützer haben die zugegebenermaßen weniger ruhmreiche Zeit der Tierdressur längst verpasst, und manchmal ist es rührend verbohrt, wenn sie sich gegen längst verstorbene Feinde erheben. Immer wieder wird die Parole ausgegeben »Tierdressur ist Tierquälerei«. Als Beispiel dafür wird gerne angeführt, wie Tanzbären angeblich abgerichtet werden. So sollen Tierquäler die armen Bären auf heiße Eisenplatten stellen. Die Bären heben vor Schmerzen schnell das eine, dann wieder das andere Bein, dazu fiedelt jemand auf der Geige, und schon hat der Bär tanzen gelernt. Frei nach Pawlow und seiner Reflextheorie.

Das ist eine ebenso schreckliche wie unwahre Geschichte, denn man kann mit Bären nicht arbeiten, wenn sie Angst haben und sich obendrein die Fußsohlen verbrennen. Und außerdem braucht man keine heiße Eisenplatte, um einen Bären zum Tanzen zu bringen. Wenn sich Bären aufrichten, wippen sie ganz automatisch hin und her, um das Gleichgewicht zu halten, etwa so wie manche Menschen, die lange an einer Haltestelle warten müssen.

Voruteile über die Raubtierdressur

Das Zirkuspublikum hat aber nicht nur meist ein falsches Bild vom Beruf des Dompteurs, es missversteht auch oft, was in der Manege tatsächlich passiert.

Ein typisches Missverständnis lautet: »Das ist nicht gefährlich, weil die Tiere wahrscheinlich gerade gefüttert worden sind.« Falsch. Kein Dompteur tritt mit satten Löwen oder Tigern auf, denn Raubkatzen sind Faultiere und Genießer. Nach der Fütterung legen sie sich sofort hin, verdauen und dösen. Kein Dompteur wird einen satten Löwen zu einem Sprung bewegen können, nicht einmal, wenn der ihn als Nachtisch betrachten würde. Aber Raubtiere sehen den Dompteur niemals als mögliches Futter an, bestenfalls als schwer einzuschätzendes Lebewesen.

Ein weiteres Vorurteil lautet: »Die werden die Tiere schon vorher mit irgendwas ruhig gestellt haben.« Das ist großer Unsinn. Tieren verabreicht man Medikamente nur, wenn sie krank sind, und dann haben sie auch in der Manege nichts zu suchen. Abgesehen davon wäre ein derart im Verhalten gestörtes Tier nicht mehr berechenbar. Der Dompteur muss aber den wachen und natürlichen Instinkten der Tiere vertrauen können, denn darauf ist seine Dressur aufgebaut.

»Ein Dompteur ist der ›Dirigent‹, der den geregelten Ablauf einer Inszenierung synchronisiert, einer Inszenierung, die er zusammen mit seinen Tieren erarbeitet hat.«

Drittens schließlich, und dieses Vorurteil höre ich immer wieder: »Die Tiere haben Angst vor dem Dompteur; er wird sie im Lauf seiner Dressur schon so lange geschlagen haben, bis sie gelernt haben zu gehorchen.« Auch das ist falsch. Raubtiere haben keine Angst vor mir. Sie haben denselben Respekt vor dem Dompteur wie er vor ihnen. Emotionen wie Angst und Freude auf Tiere zu übertragen, ist sowieso fahrlässig. Alle Wildtiere, auch die im Zoo geborenen, begegnen Fremdem und Unbekanntem grundsätzlich mit Scheu und Misstrauen. Auch Menschen fühlen sich in unbekannter Umgebung und unter Fremden zunächst unsicher. Es gilt in solchen Situationen – bei Menschen wie bei Tieren – zuerst Vertrauen zu schaffen.

Was die Angst betrifft, so möchte ich noch einmal deutlich betonen: Angst ist niemals Mittel der Dressur. Sie würde das Klima in der Manege auf Dauer unerträglich machen. Denn mit den Emotionen verhält es sich bei der Arbeit mit Tieren ebenso wie bei der Arbeit mit Schülern, Angestellten oder im Parlament: Zu starke Gefühle nehmen alle Beteiligten gefangen und bestimmen ihr Verhalten und ihre Grundstimmung. In eine Zirkusmanege gehören all diese Gefühle nicht. Dort sollten nur gespannte Aufmerksamkeit, Konzentration und Wachsamkeit herrschen. Menschen und Tiere, die man mit Angst versucht gefügig zu machen, können nichts leisten.

Was einen guten Dompteur ausmacht

Meine Kunst besteht darin, in die Seele eines Tieres vorzudringen, es zu verstehen und zu achten – und vor allem nie etwas von einem Tier zu fordern, das es nicht leisten kann.

Um noch ein Missverständnis auszuräumen: Raubtiere zu dressieren bedeutet nicht sie zu zähmen. Ein Löwe oder Tiger wird niemals zahm, auch wenn er bei einem Dompteur aufgewachsen ist. Jedenfalls wird er nicht zahm in dem Maße, dass ein Mensch sich jederzeit ohne Vorsicht in seiner Gegenwart aufhalten kann. Man kann Großkatzen höchstens abrichten, kann ihnen viele Kunststücke beibringen, die ihrem Bewegungsdrang und ihrem Spieltrieb entgegenkommen, man kann ihnen das Bild eines überlegenen »Meisters in der Manege« einpflanzen – trotzdem bleiben sie Raubtiere. Sie können jederzeit, ohne Vorwarnung und manchmal sogar ohne Anlass über einen herfallen.

Es ist richtig, dass Dompteure und Toreros gefährlich leben, doch sind ihre Ziele völlig verschieden. Beide werden zwar, wenn sie stolpern, mit Sicherheit Blessuren davontragen, das ist aber schon alles an Gemeinsamkeit. Mein Ziel als Dompteur ist eine perfekte Vorstellung meiner Tiere in der Manege, in der Stierkampfarena ist das Ziel der Tod des Stiers. Und damit kein Missverständnis aufkommt, sei noch einmal gesagt: Im *Circus maximus* in Rom wurden Menschen und wilde Tiere aufeinandergehetzt – doch im Lauf seiner langen Geschichte hat sich der Zirkus deutlich von den Wurzeln seiner Anfänge befreit.

Was ein Dompteur
ist und was nicht

→ Ein guter Dompteur ist ein Tierlehrer, der weiß, wie Tiere ihr Spiel spielen.

→ Ein guter Dompteur ist kein gefürchtetes Alphatier und kein strenger Zuchtmeister, sondern ein Coach.

→ Ein guter Dompteur muss ein aufmerksamer und liebevoller Beobachter sein, ein Mensch, der jedes Tier individuell fördert und fordert, der ihm nichts aufzwingt, was dessen Wesen fremd wäre, ein Lehrer und Trainer – aber niemals ein tierischer Kumpel und Freund.

→ Ein guter Dompteur ist ein guter Lehrer. Er braucht Autorität – anderen und sich selbst gegenüber. Das heißt, er muss sich im Griff haben, er muss sich motivieren können, ständig an sich arbeiten und all das selbst sein, was er von anderen fordert. Was ihn antreibt, ist, neben der Liebe zu den Tieren, das Nicht-von-anderen-geführt-werden-Wollen. Er will selbst führen.

→ Ein Ausbilder oder Tiertrainer ist etwas anderes als ein Dompteur. Solche Tierexperten wollen das Verhalten von Tieren »gesellschaftstauglich« machen und die Schale des Wissens weitergeben. Ihnen fehlt die Besessenheit und die Lust, mit Tieren gemeinsam ein Kunstwerk zu kreieren.

Menschen- & Tierbilder

Wir erschaffen die Realität täglich neu

Menschen erleben die Welt so, wie sie sie mit ihren Sinnen wahrnehmen. Hätten wir mehr oder andere als unsere fünf Sinne – etwa einen Magnetsinn, wie Zugvögel ihn wohl besitzen –, würde sich uns die Welt sicherlich anders darstellen.

Die Bilder, die wir uns von der Welt machen, sind subjektiv und bestimmen unsere Realität. Da könnte die Erde eine Scheibe sein, und wir finden uns bestens damit zurecht – sie kann aber genauso gut eine Kugel sein, auch damit können wir leben. Ob die Sonne im Mittelpunkt des Sonnensystems steht oder die Erde, ob wir der Evolutionslehre eines Charles Darwin folgen, in der Mensch und Primat einen gemeinsamen Vorfahren haben, oder ob wir an einen göttlichen Schöpfungsakt glauben – wir können mit jedem Bild leben.

Für einen Dompteur sind die Bilder, die er sich von Menschen und von Tieren macht, gleichermaßen wichtig. Doch auch diese Bilder haben sich im Laufe der Zeit deutlich verändert. Früher verstand sich der Raubtierdompteur als Bändiger der Bestie, heute sieht er sich als Lehrer und Coach, der Respekt und Achtung gegenüber den individuellen Fähigkeiten der Tiere besitzt. Mit ihnen gemeinsam studiert er Zirkusnummern ein, um sie dann in der Manege vorzuführen.

Die Idee vom Menschen als Gipfel der Schöpfung, der sich die Natur untertan macht, des *Homo sapiens* als einzigartiges Wesen im Vergleich zu den instinktgesteuerten Tieren – all diese Vorstellungen sind gründlich revidiert worden. Hierzu hat das Wissen über die Architektur, die Funktion und die Entwicklung des Gehirns wesentlich beigetragen.

Die Architektur des Gehirns

Wenn wir verstehen wollen, wann und in welchen Situationen wir Menschen den »wilden Tieren« ähnlich sind – und umgekehrt –, ist es hilfreich, sich mit den Erkenntnissen aus der Gehirnforschung zu befassen. Das Gehirn setzt sich aus unterschiedlichen Ver- und Bearbeitungseinheiten zusammen, die auch in ihren Strukturen verschieden sind. Einige dieser Einheiten haben ihren festen Platz im Gehirn, während das Gedächtnis zum Beispiel ein Netzwerk über große Hirnareale hinweg bildet.

Das Reptil im Menschen

Das Gehirn hat sich im Laufe der Evolutionsgeschichte immer weiter entwickelt. Man kann es sich etwa als mehrstöckiges Gebäude vorstellen. Das Erdgeschoß ist der Sitz einer sehr einfachen, aber äußerst effektiven Einheit, die wir mit vielen Tieren, unter anderem auch mit den Reptilien, gemeinsam haben. Manche Wissenschaftler nennen den Hirnstamm deshalb auch Reptiliengehirn. Wer lieber das Bild vom Baum bemüht, kann es auch als Stamm betrachten und die Nervenbahnen als Wurzeln, die durch das Rückenmark in alle Regionen des Körpers reichen. Im Hirnstamm werden eingehende Sinneseindrücke und Informationen verschaltet und weitergeleitet. Viele Verbindungen zwischen Nervensystem und übergeordneten Gehirnregionen überkreuzen sich in diesem unteren Teil. Wegen dieser Überkreuzung wird die rechte Körperhälfte im Wesentlichen von der linken Gehirnhälfte gesteuert und umgekehrt.

Der Hirnstamm, beziehungsweise das Reptiliengehirn, regelt zudem alle lebenserhaltenden Funktionen und reflexartigen Steuermechanismen, die der willentlichen Kontrolle unseres Bewusstseins entzogen sind – und zwar über das vegetative Nervensystem.

Dompteure müssen das Tier im eigenen Hirn und das Raubtier in der Manege kontrollieren. Erst wenn man gelernt hat, sich selbst zu bändigen, kann man sich an andere Lebewesen heranwagen.

Dazu gehören Atmung, Herzschlag, Blutdruck, Verdauung, Stoffwechsel, aber auch die Funktion der inneren Organe und außerdem unser Wach- und Schlafzentrum. Alles, was wir nicht bewusst selbst steuern können – und auch nicht müssen –, wird von dieser Einheit geleistet, blitzschnell und sicher. Das Gehirn arbeitet also außerordentlich ökonomisch, quasi wie ein Bordcomputer. Und genau weil das so ist, haben wir mit dem Reptiliengehirn auch die meisten Probleme – weil es sich eben unserer bewussten Kontrolle entzieht. Doch dazu später mehr.

Reflexeinheiten in dieser Hirnregion sorgen dafür, dass

wir husten, wenn wir uns verschluckt haben, dass wir die Hand blitzschnell von einer heißen Herdplatte nehmen, ehe uns der Schmerz bewusst wird und wir registrieren, dass wir auf eine rote und somit heiße Herdplatte gefasst haben. Die gleichen Mechanismen, die das Zebra von der Wasserstelle fortrennen lassen, wenn ein vermeintlich hungriger Löwe in der Nähe ist, ließen auch den Steinzeitmenschen auf der Jagd überleben. Nicht die Reflexion darüber, ob das Rascheln im Unterholz von einem Reh, einem Bären oder einem Säbelzahntiger herrührte, sondern die blitzschnelle Reaktion mit nur zwei Möglichkeiten – nämlich Flucht oder Angriff – sicherte das Überleben. Auch wir Menschen im 21. Jahrhundert benötigen zum Überleben diesen Mechanismus. So treten wir in bestimmten Situationen zum Beispiel blitzschnell auf die Bremse und überlegen nicht lange, ob der Autofahrer vor uns vielleicht noch Gas geben wird. Die Aufgaben des Reptiliengehirns werden unbewusst erledigt, was im Krisenfall wertvolle Sekunden spart und enorme Energien zur Verfügung stellt. Anschließend bemerken wir meist, dass das Herz schneller schlägt, die Atmung schneller und flacher geworden ist, die Muskeln angespannt sind. Diese Aktivierung, von uns häufig als Erregung wahrgenommen, muss erst abebben, bevor andere Hirnregionen das Kommando wieder übernehmen können. Das Reptiliengehirn ist pausenlos aktiv, um unser elementares Überleben zu sichern, ohne unser Bewusstsein zu stören.

Bei Stress, zum Beispiel Schreck oder Schmerz, wird – beim Menschen wie beim Tier – das Reptilienhirn aktiv und schickt die Alarmmeldung »Bedrohung des Systems!«. Dieser Alarm kann auch auf einem Missverständnis beruhen – hervorgerufen durch eine Achterbahnfahrt, eine Szene in einem Horrorfilm oder den Knall eines geplatzten Autoreifens –, doch diese Alarmreaktion kann man bewusst nicht kontrollieren.

Dompteure trainieren (so wie Kampfflieger und Formel-1-Fahrer) bestimmte Reaktionen in Standardsituationen, um das Reptil im Menschen zu bändigen. Das funktioniert, weil sich die willkürliche Kontrolle über einige Funktionen des vegetativen Nervensystems, beispielsweise die Atmung, durch Bewusstseinsübungen trainieren lässt – etwa durch Yoga oder autogenes Training. Immer klappt das allerdings nicht. Normalerweise muss ein Mensch, der einer Alarmsituation ausgesetzt war, erst einmal warten, bis ihn das Stammhirn wieder »freigibt«. Das bedeutet: Dompteure lernen die Angstreaktion zu beherrschen. Panik jedoch kann man nicht willentlich kontrollieren.

Raubtiere reagieren in erster Linie mit dem Hirnstamm. Kommt man ihnen zu nahe, löst man unweigerlich die Flucht-oder-Angriff-Reaktion aus. Es ist die Aufgabe des Dompteurs, durch viel Geduld, liebevolle Annäherung und Vertrauen diese Reaktion zu dämpfen – gänzlich ausschalten kann man sie nie. Es kann auch niemals ein völlig »gezähmtes« Raubtier geben, denn wenn der Dompteur ausrutscht und vor seinem Tiger zu Boden geht, wird sich das Tier spontan auf ihn stürzen, so wie eine Katze sich auf ein rollendes Wollknäuel stürzt.

Wenn man aber weiß, wie das Reptilienhirn beschaffen ist, ist es möglich – in gewissen Grenzen –, mit ihm zu arbeiten. Zunächst kann man ihm optimale Bedingungen verschaffen. Gerade Kopfarbeiter sollten darauf achten, dass ihr Hirnstamm keine Veranlassung hat, auf irgendwelche Störungen zu reagieren, sondern nach Möglichkeit optimale Bedingungen registriert. Denn nur dann werden alle übergeordneten Hirnareale gut arbeiten.

Das limbische System – der heiße Draht zum Großhirn

Die nächsthöhere Instanz in der Hierarchie des Gehirns ist das limbische System. Es stellt eine Übergangszone zwischen der Großhirnrinde und dem Hirnstamm dar und ist mit allen Hirnregionen eng vernetzt. Seine Aufgaben sind neben der vegetativen Steuerung und der Beteiligung an Denk- und Gedächtnisprozessen vor allem die Steuerung von Emotionen und der Motivation. Hier werden unsere Gefühle gefiltert, verarbeitet und mit anderen Strukturen des Großhirns abgeglichen.

Das limbische System ist auch eine Art Tagebuch, in dem Erinnerungen zusammen mit den entsprechenden Gefühlen gespeichert werden. Gerüche werden spontan als gut oder schlecht klassifiziert, noch bevor wir sie bewusst wahrnehmen. Das limbische System nennt man auch das alte Säugetierhirn. Im Laufe der Evolution wurde allen Säugetieren die »Denkkappe« des Neocortex übergestülpt, das so genannte jüngere Säugetiergehirn. Der Neocortex unterscheidet die Säugetiere von den anderen Wirbeltieren und ist beim Menschen am weitesten entwickelt. Inzwischen haben Biologen und Verhaltensforscher nachgewiesen, was Menschen, die mit Tieren arbeiten, schon immer wussten: Tiere haben

Gefühle und können sie ausdrücken. Sie verspüren Angst ebenso wie Freude, Lust und Trauer.

Das limbische System feuert uns an, wenn wir motiviert sind, und bremst uns aus, wenn wir Angst haben.

Gefühle beeinflussen die Gehirnleistung

Wir Menschen unterschätzen den Einfluss des limbischen Systems auf unser logisches Denken meist. Dabei können die Emotionen leicht jede rationale Klarheit aushebeln. Jeder kennt den Effekt der rosaroten Brille, durch die Verliebte die Welt als Fest der Glückseligkeit wahrnehmen. Unser Gefühlszustand beeinflusst unsere Denkfähigkeit. Man vergegenwärtige sich nur eine Prüfungssituation: Der eine Kandidat geht zuversichtlich in die Prüfung, der andere wird von seinen Prüfungsängsten dominiert und kann Gelerntes nicht mehr abrufen. Außerdem beeinflussen Gefühle wie Sympathie und Antipathie jede unserer Entscheidungen – selbst wenn wir versuchen, ganz rational zu bleiben –, und das tun sie im Verhältnis zwischen Lehrern und Schülern ebenso wie bei Verhandlungen unter Wirtschaftsbossen und bei politischen Diskussionen.

Wer sich etwa von einem Gesprächspartner brüskiert fühlt, wird dieses ungute Gefühl im weiteren Verlauf der Verhandlungen nicht mehr los und nur noch die negativen Aspekte der Situation wahrnehmen. Im Gegensatz zur rosaroten Brille der Verliebtheit wäre das also gewissermaßen die schwarze Brille der Ablehnung.

Zum Glück kann man diesen Effekt durch die richtige »emotionale Umgebung« auch positiv nutzen. Das gilt in der Manege, wo der Dompteur nur erfolgreich sein kann, wenn seine Tiere motiviert sind und Spaß an ihrer Arbeit haben. Das Gleiche gilt auch für Schüler in ihrem Klassenzimmer und für Angestellte im Büro – das Gefühl von Ausgeglichenheit und Sicherheit unterstützt Eifer und Konzentration.

Das emotionale Gedächtnis: Keine Erinnerung ist »wahr«

Erinnerung heißt nicht, eine akkurat gespeicherte Begebenheit immer wieder abrufen zu können. Im Gegenteil: Unser Gehirn setzt beim Erinnern ein Ereignis aus vielen Eckdaten jedes Mal wieder neu zusammen.

Obwohl das menschliche Gehirn mit weit über 100 Milliarden Nervenzellen eine ungeheure Speicherkapazität hat, reicht das nicht für lebenslange lückenlose Erinnerungen. Der Speicher wurde biologisch optimiert und nimmt nur die Basisdaten von Ereignissen auf. Aus ihnen bildet das Gehirn beim Erinnern komplexe Zusammenhänge, die man sich wie ein Gitternetz vorstellen kann. Dazu werden – vereinfacht ausgedrückt – die Basisdaten zwischen der linken und rechten Gehirnhälfte *(siehe S. 37)* hin- und hergespielt. Die linke Gehirnhälfte arbeitet analytisch, logisch, mathematisch und versucht die Welt in fassbare Kategorien einzuteilen. Die rechte Gehirnhälfte dagegen beobachtet die Welt genereller. Sie verschafft sich einen weiten Überblick, geht den Dingen auf den Grund und stellt auch scheinbar Bekanntes infrage.

Im andauernden Dialog der beiden Gehirnhälften entsteht unsere Wirklichkeit. Diese erschaffen wir immer wieder neu, sie wird ständig von Gefühlen beeinflusst und verändert. Und das bedeutet, dass sie sich unaufhörlich wandelt. Das Gehirn ist eben kein Computer – mit Ordnern, Unterordnern und Dateien, in die alle Vorkommnisse eingeordnet werden können.

Das heißt, Erinnerungen sind nicht beständig. Sind unsere Gefühle einem Ereignis gegenüber dieselben geblieben, wird auch die Erinnerung daran ziemlich gleich bleiben. Haben sich die Emotionen geändert, überschreiben wir unsere Erinnerung mit Details, die es in Richtung der aktuellen Gefühle verändern. Eine objektive Erinnerung gibt es also von Natur aus nicht, denn das Gehirn passt das, was wir aufnehmen, an das an, was schon gespeichert ist, um Übereinstimmung in den Erinnerungssystemen herzustellen.

Die »Denkkappe«

Der Neocortex macht beim Menschen ungefähr 80 Prozent der gesamten Gehirnmasse aus. Hier finden alle Prozesse statt, von denen wir stolz annehmen, dass sie den Menschen zum Menschen machen: logisches Denken, Sprache, Planen und Entscheiden, Kreativität und vieles mehr. Bei allen anderen Säugetieren ist die Neocortexmasse im Verhältnis zur Gesamtgehirnmasse deutlich geringer.

Die Großhirnrinde bildet die äußere Nervenzellschicht des Gehirns. Durch viele Furchen und Krümmungen ist die Oberfläche der Großhirnhemisphären stark vergrößert.

Für das Denken und die Wahrnehmung ist das Großhirn zuständig; hier vermutet man den Ursprung von Intelligenz und Urteilsvermögen. Eine Längsfurche unterteilt den Neocortex in zwei spiegelgleiche Gehirnhälften (Hemisphären), die in der Lage sind, zur selben Zeit unterschiedliche Funktionen wahrzunehmen.

An den Talenten der Menschen ist leicht zu erkennen, welche ihrer Hemisphären aktiver ist, je nachdem, ob sie eher mathematisch oder musisch veranlagt sind. Wahrscheinlich ist auch ein Zusammenhang zwischen der Ausprägung der Großhirnhälften und Links- oder Rechtshändigkeit. Nicht zuletzt bestimmen die Hemisphären, welches unserer beiden Augen wir beim Sehen bevorzugen – etwa, wenn wir durch den Sucher bei einem Fotoapparat schauen.

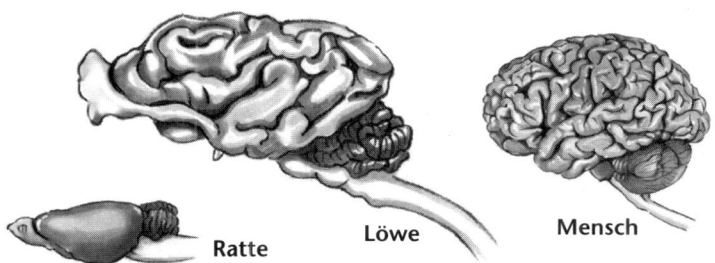

Ratte **Löwe** **Mensch**

Die Vergrößerung der Großhirnrinde wurde im Lauf der Evolution durch eine starke Faltung erreicht, ähnlich wie ein großes Tischtuch, das zusammengeknäult worden ist.

Einige Wissenschaftler vertreten die Meinung, es gäbe – in Übereinstimmung mit den beiden Gehirnhälften – ein »logisch sehendes« und ein »intuitiv sehendes« Auge.

Wie sehen Gedanken aus?

In welcher Form halten sich im menschlichen Gehirn Gedanken auf? Vor 100 Jahren nahm man noch an, man könnte einzelne Erinnerungen in so genannten Gedächtniszellen lokalisieren, und gab ihnen den bildhaften Namen Großmutterneuronen. Inzwischen weiß man, dass Erinnerungen nicht an festen Orten im Gehirn abgespeichert werden.

Je öfter eine Gehirnverbindung benutzt wird, umso sicherer wird diese Verbindung immer wieder hergestellt. Wissen kann man also auch als gut funktionierende Verbindung von Gehirnzellen beschreiben.

Das Gehirn ist ein gigantisches Netzwerk, das als Kernspeicher über 100 Milliarden Nervenzellen zur Verfügung hat. Doch auch diese Neuronen sind keine Speicher, sondern eher Schaltzentralen. Jedes einzelne Neuron kann sich über seine Synapsen mit etwa 10 000 anderen Neuronen verbinden. Somit hat das Gehirn mehr Verknüpfungsmöglichkeiten als jeder bisher gebaute Computer. Ist eine Zelle durch ankommende Reize elektrisch stimuliert, schickt sie chemische Botenstoffe an die mit ihr verknüpften Zellen, die diese wiederum in ein elektrisches Signal umwandeln. Verbindungen, die häufig genützt werden, werden zunehmend gefestigt. Umgekehrt können nicht genutzte neuronale Verbindungen geschwächt werden. Das erleben wir beispielsweise, wenn Erinnerungen verblassen. Je mehr Verbindungen eine Nervenzelle eingeht, desto flexibler und assoziativer ist unser Denken.

»Hirnforschung« in der Manege

Viele dieser gerade beschriebenen Erkenntnisse erfahre ich als Dompteur jeden Tag in der Manege. Meine Mitspieler sind Lebewesen, von denen man nicht erwarten darf, dass sie im menschlichen Sinne »mitdenken«. Raubtiere sind über die Gefühlsebene des limbischen Systems erreichbar – aber stärker reagieren sie mit dem Hirnstamm. Das macht meine Arbeit einfacher, denn die Reaktionen des Hirnstamms sind am leichtesten einzuschätzen und funktionieren wenigstens zuverlässig. Wenn ein Löwe im Laufgang zum Zentralkäfig stehen bleibt, muss sich nur ein außerhalb stehender Wärter von hinten nähern, und der Löwe wird sofort weitergehen. Er kann es einfach nicht ertragen, wenn sich ihm irgendwer oder irgendetwas von hinten zu weit nähert. Diese Reaktion funktioniert wie auf Knopfdruck. Wenn man allerdings einem Tier zu nahe kommt und es nicht ausweichen kann, wird es angreifen – es wird nicht sitzen bleiben und knurren oder nur heute angreifen und morgen nicht – es wird immer angreifen. Dieses Programm ist so stark, dass man es nicht löschen oder überschreiben kann. Von dieser absoluten Sicherheit leben wir, und mit diesen zuverlässigen Reaktionen arbeiten alle Dompteure.

Die Verhaltensforscher verstehen Tiere immer besser

Die Vorstellungen vom Tier an sich haben sich über die Jahrtausende ebenso deutlich geändert wie die Vorstellungen vom Kosmos, dem Sinn des Lebens und der menschlichen Natur. Tiere bedeuteten für den Menschen seit jeher entweder tödliche Gefahr, essbare Beute oder hilfreiche Hausgenossen. Die meisten großen Weltreligionen waren (und sind) sich darüber einig, dass Tiere keine Seele haben. Im Buddhismus allerdings wird den Tieren mehr Bedeutung beigemessen, weil man möglicherweise einem wiedergeborenen Ahnen begegnet, wenn man einem Tier gegenübersteht.

Im Hinduismus gilt Ähnliches: Götter nehmen Tiergestalt an, wie etwa Vishnu, der als Fisch oder Schildkröte erscheint. Nach dem Lehrsatz aus der vedischen Philosophie »*tat tvan asi*« (*Das All bist du*), den sogar Schopenhauer zitierte, wird deutlich, warum in Indien sogar die Kühe Vorfahrt haben. Kühe sind heilig, in ihnen manifestiert sich die Schöpfung, das Göttliche. Auch die Natur ist göttlich und eine Einheit – wir Menschen sind ein gleichberechtigter Teil von ihr.

Die Vielfalt der Fauna wurde erst mit der systematischen Einteilung aller bekannten Tiere in Stämme, Klassen, Ordnungen, Familien, Gattungen und Arten übersichtlich. Spätestens seit Darwin ist der Mensch offiziell ein Säugetier und gehört in eine entwicklungsgeschichtliche Linie innerhalb der Schöpfung.

Heutzutage gestehen Wissenschaftler den höheren Tieren ein gewisses Denkvermögen zu. In der Sprache der Wissenschaft wird jedoch der Begriff »Intelligenz« vermieden und durch die Bezeichnung »Kognition« ersetzt – ein typisches Beispiel für einen Eiertanz in der Wissenschaft.

Die Definition des Begriffs »Intelligenz« hat sich über die Jahrhunderte immer wieder gewandelt und ist auch heute noch schwer greifbar. Wenn Intelligenz die Fähigkeit meint, Probleme zu erkennen und zu lösen, finden sich unzählige Beispiele für tierische Intelligenz. Es gibt Experimente mit Plattwürmern, die sich Wege durch ein Labyrinth merken können, mit Ratten, die lernen einen Hebel zu betätigen, über den sie mit Futter versorgt werden, und es gab den »Klugen Hans«, das rechnende Pferd, und Rico, den Border-Collie, der die Namen von 200 Gegenständen kannte. Die beiden Letztgenannten sind übrigens Paradebeispiele für das menschliche Missverständnis tierischer Intelligenz. Verhaltensforscher gestehen Tieren nämlich inzwischen durchaus Denkvermögen und Lernfähigkeit zu – es funktioniert sogar auf die gleiche Weise wie beim Menschen. Selbstverständlich sind auch nach unserem heutigen Wissen die Menschen zu weitaus komplexeren Denkvorgängen in der Lage als die Tiere.

Die Nummer mit dem »Wundertier« ist im Zirkus nichts Neues. Mich hat diese Spezialform der Tierpräsentation allerdings nie sonderlich interessiert. Ich wollte immer nur Tiere in ihrer ursprünglichen Schönheit und Eleganz zeigen. Ich wollte aus den natürlichen Bewegungsabläufen eine neue Choreografie zusammenstellen, die den Tieren ebenso viel Spaß machen sollte wie dem Publikum.

Die Geschichte vom »Klugen Hans« kennt jeder Zirkusmensch. Vor 100 Jahren machte in Berlin ein Pferd Schlagzeilen, dem der pensionierte Lehrer Wilhelm von Osten angeblich Rechenunterricht erteilt hatte. Dieses Pferd erregte weltweit Aufsehen. Seine Auftritte führten zu heftigen Diskussion über das Ausmaß tierischer Intelligenz. Hans erlernte innerhalb von zwei Jahren drei Grundrechenarten, konnte die Uhrzeit erkennen und den Wochentag durch entsprechendes Klopfen mit dem rechten Vorderhuf angeben. Auch die Lösung einer Rechenaufgabe zeigte er an, indem er so lange mit dem Huf auf den Boden klopfte, bis er bei der richtigen Zahl angelangt war.

Von Osten war davon überzeugt, dass diese Fähigkeiten ein Beweis für die Intelligenz seines Pferdes war. Faule Tricks und Manipulationen wurden von Wissenschaftlern, die aus aller Welt anreisten, ausgeschlossen. Einige Jahre später fand der Psychologe Oskar Pfungst jedoch eine plausible Erklärung für die Fähigkeiten des Pferdes. Die Zuschauer hatten einfach die falschen Schlüsse gezogen. Hans war kein Meister der Mathematik, sondern ein Meister der Wahrnehmung.

Pfungst beobachtete den Trainer und sein Pferd eingehend und entdeckte, dass von Osten durch winzige, ihm selbst allerdings nicht bewusste Bewegungen des Kopfes dem Hengst bedeutete, wann dieser mit den Hufschlägen aufhören sollte. Schon eine geringe Neigung des Kopfes um einen Fünftelmillimeter reichte offensichtlich aus, um Hans zu signalisieren, dass er das Klopfen einstellen sollte.

»Aufmerksamkeit, Wahrnehmungs- und Erkenntnisfähigkeit, Schlussfolgerung, Erinnerung, Merk- und Lernfähigkeit – all dies sind Eigenschaften, die ich jedem meiner Zirkustiere zuschreiben muss, sonst könnte ich gar nicht mit ihnen arbeiten.«

Für mich als Dompteur, mit über 60-jähriger Manegenerfahrung mit Großkatzen, sind solche Erkenntnisse nicht überraschend. Es gehört zu meinem Alltag, die Reaktionen der Tiere auf das Genaueste zu beobachten. Ich weiß aber auch, dass meine Tiere mich ebenso genau beobachten und kleinste Gesten von mir sehr gut verstehen. Wenn ich mich – kurz bevor der Löwe springen soll – bewusst, aber fast unmerklich etwas vorbeuge, nimmt er diese Bewegung als letzten und ausschlaggebenden Befehl wahr, nachdem er schon weiß, dass jetzt sein Sprung drankommt.

Es gibt aber auch tierische Höchstleistungen, die man (noch) nicht auf diese schlichte Art erklären kann. Es gab kaum ein Medium, das vor fünf Jahren nicht über den Hund Rico berichtete: ein Border-Collie, der mehr als 200 Wörtern die richtigen Gegenstände zuordnen konnte. Forscher vom Leipziger Max-Planck-Institut für evolutionäre Anthropologie billigen Rico kognitive Fähigkeiten zu. Außerdem erlernte er neue Wörter nach einem ähnlichen Prinzip wie kleine Kinder: Er erkannte, dass ein unbekanntes Wort zum einzigen unbekannten Gegenstand inmitten vertrauter Dinge gehören musste.

Lange glaubte man, dass dieses schnelle Zuordnen durch logisches Ableiten eine rein menschliche Fähigkeit sei. Doch dem ist nicht so: Hunde zum Beispiel können etwas erkennen und richtig zuordnen, sie können ihr Wissen in neuen Situationen anwenden und verfügen über ein hohes Abstraktionsvermögen.

Tiertrainer, die Blindenhunde ausbilden, wissen von dieser Fähigkeit der Vierbeiner zur Abstraktion schon längst. Bei der Ausbildung müssen die Hunde lernen, ihr Herrchen auf Befehl zum nächsten Zebrastreifen oder zur nächsten Tür zu führen. Den Tieren werden keine Tricks beigebracht, sie verstehen grundsätzlich, was ein Zebrastreifen oder eine Tür ist, und können diese Dinge auch in einer ihnen fremden Umgebung finden.

Bekannt sind auch die Fähigkeiten bestimmter Menschenaffen. Um in einem Raum ohne Klettermöglichkeit an eine Banane hoch über ihren Köpfen zu gelangen, stapeln sie Kisten zu einem Turm aufeinander. Den Forschern gilt das als Beleg dafür, dass Affen mit einer Kombination aus Beobachtung und Überlegung Probleme lösen können – nach unserer Definition eine Form von Intelligenz.

Eine noch beeindruckendere Leistung ist im Vergleich dazu das so genannte *Sponging* der Delfine. Über einen

Zeitraum von 14 Jahren untersuchten australische Wissenschaftler in der Shark Bay vor Westaustralien die Technik von 185 großen Tümmlern bei der Nahrungssuche. Die Delfine lösen einen Naturschwamm vom Meeresboden, durchwühlen damit den Sand nach Nahrung und schützen ihre empfindlichen Nasen so vor giftigen Steinfischen. Nach der Nahrungsaufnahme kommt jedes Tier immer wieder zum selben Schwamm zurück. Erstaunlich ist obendrein, dass die Tümmler diese Technik auch an ihre Jungen weitergeben.

Tiere sind weder rein instinktgesteuerte Wesen, noch sind sie hochintelligent, wie manche Esoteriker Delfine oder Affen gerne sähen. Sie sind einfach anders. Aber innerhalb der Gruppe der Säugetiere, zu der wir Menschen auch gehören, finden sich überraschende Parallelen.

Die Sehnsucht nach dem Tier als treuem Freund

Das Bild vom treuen und intelligenten Tier ist beliebt, vor allem in der Unterhaltung. Fernsehserien wie *Fury – Die Abenteuer eines Pferdes, Lassie, Flipper* oder *Kommissar Rex* zeugen vom Wunsch vieler Menschen, dass ihnen ein braves, kluges Tier zur Seite steht.

Im Alltag werden Tiere nur selten »ausgebildet«. Sie sind entweder Nutztiere oder Haustiere. Und wenn ein Hundebesitzer seinem Dackel beigebracht hat, dass dieser ihm die Hausschuhe bringt, ist damit noch kein Intelligenznachweis erbracht. Im Zirkus ist das anders. Hier werden Tiere in komplizierten Zusammenhängen gefordert, zwar immer nur nach ihren Fähigkeiten und Vorlieben, aber viel stärker als in freier Wildbahn.

Ein Löwenmännchen im Ngorongoro-Nationalpark in Tansania wird sich nur bewegen, wenn es zum Fressen marschiert oder seine Weibchen begattet. Das Jagen, Springen und Rennen übernehmen die Löwinnen. Ich erlebe Zirkustiere wacher, sie haben mehr Anregung und meist ein besseres Leben als Tiere in freier Wildbahn.

Raubtiere, die im Zirkus auftreten, sind geborene Artisten und lernen mehr als Tiere in freier Wildbahn. Sie sind oft gepflegter, schöner und besser entwickelt als im Zoo – auch weil sie trainierter sind.

Wer Tiere überhaupt ernst nimmt, muss Zirkustiere – wohlgemerkt richtig gehaltene Zirkustiere – beneiden. Wenn sie schon nicht in der heilen Natur leben, die man sowieso kaum noch vorfindet, geht es ihnen im Zirkus am besten. Sie reisen viel, bekommen immer pünktlich zu essen, lernen etwas und haben jede Menge Spaß. Freiheit ist nicht alles: Die Aussicht auf Hunger, Dürre, Krankheiten und eiternde Wunden in freier Wildbahn würden einen Löwen – wenn er denn wählen könnte – dazu bringen, sich sofort für das Zirkusleben zu entscheiden. Körperlich wird ein Zirkuslöwe durch die Arbeit in der Manege doppelt so stark gefordert wie in Freiheit, zum Ausgleich wird er perfekt ernährt und führt in seiner Familie ein angenehmes Leben. Tierschützer, die sich gegen die Arbeit mit Zirkustieren aussprechen, sind meist wohlmeinende, jedoch schlecht informierte Laien. Sie haben auf der einen Seite kaum eine Ahnung von den tatsächlichen Lebensbedingungen frei lebender Raubtiere, auf der anderen Seite pflegen sie oft ein kitschig-schmusehaftes Verhältnis zu Tieren. Tiere sollte man – wie Kinder übrigens auch – nicht verhätscheln, wenn man sie nicht zur Unselbstständigkeit erziehen will. Die meisten Tiere gehören in den Stall, sie brauchen keine Mäntelchen und keine beheizten Wohnungen. Jeder Dompteur liebt seine Tiere, und das nicht nur, weil er viel in sie investiert hat und mit ihnen seinen Lebensunterhalt verdient. Ohne eine enge emotionale Bindung wird er sie nicht zu einem gelungenen Auftritt in der Manege bewegen können. Die Forderung nach Tierliebe ist völlig berechtigt, aber man muss sie auch richtig und professionell erfüllen.

»Wir Dompteure leben davon, dass wir alle tierischen Signale sofort und richtig verstehen, dass wir keine Missverständnisse darüber aufkommen lassen, wer das Sagen hat – und dass wir Tiere als das verstehen, was sie sind: eigenständige Lebewesen mit Würde und Charakter.«

Das andere Denken

Tierisches Verhalten, das wir Menschen nicht verstehen, ist vielleicht eine für uns noch nicht erkennbare Art des anderen Denkens. Mit einem weiteren, für unser Menschsein zentralen Begriff, dem Bewusstsein, sieht es anders aus. Unter Bewusstsein verstehen wir Menschen wörtlich, uns unserer selbst bewusst zu sein. Dazu gehört auch, sich im Spiegel oder auf Bildern zu erkennen. Das können viele Tiere. Aber es gibt auch kompliziertere Formen des Sich-selbst-bewusst-Seins: Hirsche etwa kennen die Ausmaße ihres Geweihs sehr genau (sonst würden sie ziemlich oft damit an Ästen hängen bleiben), obwohl sie es jedes Jahr abwerfen und es jedes Jahr mit einem anderem Umfang wieder nachwächst.

Die Idee, dass Tiere wie Maschinen sind, ist jedenfalls völlig überholt. Descartes beschrieb Tiere Anfang des 17. Jahrhunderts noch als Uhrwerke, die nach einem festgelegten Mechanismus funktionieren. Der Verhaltensforscher Iwan Pawlow entwickelte 200 Jahre später den berühmten Versuch, mit dem er Hunde konditionierte. Sie erinnern sich: Eine Klingel ertönt, bevor der Hund sein Fressen bekommt, und mit der Zeit verbindet der Hund den Ton mit der Aktion derart, dass er bei jedem Klingelton automatisch anfängt, Speichel abzusondern.

Heute gilt die gängige Lehrmeinung, dass höhere Tiere durchaus eine Art von Bewusstsein haben, die sie befähigt, Entscheidungen zu treffen.

Das Problem liegt übrigens nicht bei den Tieren, sondern bei uns Menschen: Wir versuchen Tiere in unser Denkschema einzuarbeiten. Wir sind schnell geneigt, dem Border-Collie Rico Intelligenz zuzugestehen, aber dem afrikanischen Honiganzeiger nicht. Dabei hat dieser Vogel eine erstaunliche Technik entwickelt: Nachdem er Honig über alles liebt, an den wachsamen Wildbienen jedoch nicht vorbeikommt, sucht er sich einen Komplizen. Er lockt flatternd und zwitschernd einen Honigdachs zum Bienenstock, lässt ihn den Kampf mit den Bienen aufnehmen, wartet, bis der Stock zerstört ist, und futtert die Reste aus den zertrümmerten Waben.

In der freien Wildbahn kann man beobachten, dass Löwen sich generalstabsmäßig zusammenrotten und ihre Angriffe koordinieren. Zwei Löwinnen attackieren die potenzielle Beute mit dem Wind, während ein weiteres Löwinnenpaar im Windschatten lauert. Die beiden »Treiberinnen« dirigieren das Wild sehr genau zum Versteck der »Jägerinnen«, die aus dem Hinterhalt zuschlagen. Den Rest kennt man: Das Löwenmännchen – das nicht mitgejagt hat – frisst zuerst, dann teilen sich die Weibchen den Rest. Man kann aber auch kompliziertere Jagdstrategien beobachten: Einkesselungen, Scheinangriffe und Ermüdungsjagden.

Ein Feldherr wie Napoleon hat mit ähnlichen Jagdtechniken viele Schlachten erfolgreich geschlagen. Doch daraus können wir nicht schließen, dass tierische Instinkte mit dem strategischen Denken von Menschen zu vergleichen sind.

Missverständnisse zwischen Mensch und Tier

Wenn sich zwei verstehen und verständigen wollen, müssen sie sich zuvor kennen lernen. Gegenwärtig scheint das zwischen Tier und Mensch so schwer zu sein wie nie zuvor in der Geschichte – weil die meisten Menschen immer weniger Umgang mit Tieren in freier Natur haben. Einerseits nimmt das Wissen der Biologen und Verhaltensforscher stetig zu, andererseits halten sich viele Irrtümer und Missverständnisse hartnäckig und werden von einer Generation an die nächste überliefert. Klischees, Mythen und Fehlinformationen über die Tiere prägen unsere Beziehung zu ihnen. Es gibt immer noch Menschen, die glauben, Feuersalamander können im Feuer überleben, Maulwürfe würden am Tageslicht sofort sterben, und Lemminge begingen kollektiven Selbstmord.

Auf der einen Seite steht eine Entfremdung von der Natur, auf der anderen eine geradezu mystifizierende Begeisterung für manche Tierarten. Etwa für Elefanten. In der Bewunderung für die grauen Riesen mischt sich gerne die Realität mit der Märchenwelt. Etwa bei der Vorstellung, afrikanische Elefanten suchten bestimmte Orte auf, um dort zu sterben, die sagenumwobenen Elefantenfriedhöfe. Die Wahrheit ist banaler und trotzdem nicht weniger interessant: Plätze, an denen auffällig viele Elefantenknochen gefunden werden, liegen in Sumpfgebieten. Dahin begeben sich die alten Elefanten aber nicht im Bewusstsein ihres nahen Todes, sondern weil sie dort mit den weichen Sumpfgräsern die einzige

Nahrung finden, die sie mit ihren abgenutzten Backenzähnen noch kauen können. Und hier sterben sie dann auch.

Im Fall der braven Dickhäuter ändert dieses Wissen nichts an unserem Umgang mit ihnen. Andere Arten, wie zum Beispiel die Tiger, könnten jedoch vor dem Aussterben bewahrt werden, wenn die wissenschaftlichen Erkenntnisse über sie die Mythen ersetzen würden. Die Vorstellung vom durch und durch bösen, Menschen fressenden Dschungelkönig Sheer Khan hat wenig mit der Wirklichkeit zu tun. Tatsächlich sind Tiger, obwohl die größten Raubkatzen, scheue Nachttiere, die den Menschen meiden. Gefährdet sind sie durch einen Mythos, den Aberglauben nämlich, aus ihnen ließen sich wirksame Potenz- und andere Heilmittelchen zubereiten. Laut einer Umfrage der Artenschutzorganisation Traffic in Hongkong würden 59 Prozent der Verbraucher traditioneller Medizin auf diese verzichten, wenn sie wüssten, dass dafür bedrohte Tierarten getötet werden.

Tierisches Leben mit Genuss und Humor

Jonathan Balcombe, ein kanadischer Verhaltensforscher, zeichnet in seinem Buch *Pleasurable Kingdom. Animals and the Nature of Feeling Good* das Bild einer tierischen Spaßgesellschaft. Spiel und Genuss triumphieren über die menschliche Vorstellung vom harten Überlebenskampf in der Wildnis. Der Autor beschreibt Tiere als genussfähige Wesen. Tiere lieben Kraulorgien und Rutschpartien, für die früher die Verhaltensforscher gerne Hilfskonstruktionen wie Fellreinigung, Gleichgewichtstraining und andere pragmatische

Lösungen ins Feld führten. Balcombe behauptet, dass Tiere Hedonisten, Genießer, Faulpelze und manchmal auch Lüstlinge sind.

Raben rutschen gerne Hausdächer oder verschneite Hügel hinunter, Pinguine und sogar Bisons schlittern auf Eis, und Bären rollen mit sichtlichem Vergnügen immer wieder Grasabhänge hinab. Delfine blasen Luftkringel unter Wasser und tauchen hindurch, Tintenfische spielen mit Abfall im Meer. All dies sind Verhaltensweisen, die keiner der überlebenswichtigen Aktivitäten wie etwa Fortpflanzung, Schutz und Nahrungsbeschaffung zugeordnet werden können. Und mehr billigten die Menschen den Tieren lange Zeit nicht zu.

Vom Standpunkt des Menschen aus betrachtet, so Jonathan Balcombe, »erfüllt das Spiel viele Funktionen, die dem Tier helfen können, zu überleben und erfolgreicher zu sein. Spiel trainiert Kraft, Sozialverhalten und Talente.«

Aber wissen das die Tiere? Nein. Ebenso wie die wenigsten Menschen sich darüber bewusst sind, dass sie spielerisch ihre Talente fördern können. Sie spielen – wie die Tiere – aus Vergnügen und Spaß am Spiel.

Wenn man einige von Balcombes Beobachtungen näher betrachtet, muss man manchen Säugetieren sogar Humor zugestehen. Etwa wenn Schwarzdelfine sich auf dem Meer dümpelnden Möwen nähern, sie mit dem Maul vorsichtig am Fuß packen und kurz unter Wasser ziehen – um sie gleich darauf wieder loszulassen. Ein Streich, den man vor dieser Beobachtung eigentlich nur Menschen zugetraut hätte.

Jonathan Balcombe stellt die These auf: »Adaptives Verhalten wird belohnt.« Und wer das beim Menschen gelten lässt, wird sich schwertun, es Tieren abzusprechen. Angesichts der Ähnlichkeit von Menschen und anderen Säugetieren – die gleichen fünf Sinne, die ähnlichen Gehirnstrukturen, dieselben Botenstoffe, das Vermögen, Glück, Schmerz, Geborgenheit und Stress zu empfinden – kann man annehmen, dass auch Tiere auf der permanenten Suche nach Glück sind.

Was unterscheidet höhere Säugetiere nun vom Menschen? Ist Kommunikation zwischen beiden möglich? Dass ein Dompteur Kontakt zu seinen Raubtieren aufnehmen, sich in ihr »Weltbild« einfühlen, sie trainieren und ausbilden kann, machen die nächsten Kapitel deutlich. Sie werden erfahren, dass viele Verhaltensmuster von Tieren auch bei Menschen vorkommen und dass die Erfahrungen eines Dompteurs mit seinen Raubtieren ohne Weiteres in den menschlichen Alltag übernommen werden können.

Geborgenheit & Sicherheit

Von Löwenkindern und Menschenkindern

Viele Menschen übernehmen im Laufe ihres Lebens wenigstens einmal die Rolle des Erziehers, oft auch, ohne dafür qualifiziert zu sein. Sei es als Elternteil, als Vorgesetzter oder weil man sich einen Hund angeschafft hat.Unter Erziehung versteht man gemeinhin, dass man ein bestimmtes, erwünschtes Verhalten des zu Erziehenden erzielen will. Das kann man durch Gewöhnung erreichen, etwa dadurch, dass man den richtigen Gebrauch von Messer und Gabel immer wieder einübt, oder durch Überzeugung, indem man beispielsweise mit einem jungen Menschen darüber redet, warum es abzulehnen ist, andere zu bestehlen. Die Erziehung durch Überzeugung klappt natürlich nur dann, wenn das Vorbild seine Überzeugung auch lebt und der junge Mensch sein Verhalten davon ableiten kann. Bei Tieren funktioniert die Sache mit der Überzeugung allerdings ganz und gar nicht. Und weil man Tiere mit moralischen Grundsätzen nicht erreichen kann, bleibt einem nichts anderes übrig, als mit Gewöhnung zu arbeiten.

Nachdem ich mit kleinen Kindern (meinen eigenen und vielen Zirkuskindern) ebenso Erfahrung habe wie mit Raubtieren, kann ich sagen, dass sich Kindererziehung nicht sehr von der Erziehung junger Löwen unterscheidet. Bei beiden sollte man erst geduldig hinsehen, bevor man etwas unternimmt. Der natürliche Spieltrieb von Menschenkindern und Löwenkindern ist bei beiden der Ansatzpunkt zur Erziehung. Über die Neugierde kann man Interesse an Neuem wecken, und über das

Spiel kann man dieses Neue einführen und den Umgang damit in Bahnen lenken. Wir sind uns einig, dass alle Menschen verschieden sind. Das unterstreicht unsere Wichtigkeit und die Einzigartigkeit jedes Einzelnen. Aber auch jedes Tier ist ein Individuum, und selbst wenn sich alle in grundsätzlichen Verhaltensmustern ähneln, muss man zuerst die speziellen charakterlichen Eigenschaften herausfinden, bevor man ein Tier erziehen kann.

Für junge Tiere wie für Kinder gilt: Mit beiden sollte man liebevoll und zärtlich umgehen, dem jeweiligen Individuum gemäß und angemessen. Und man sollte sie nicht überfordern, gerade wenn sie in neue Umgebungen kommen. Wir Dompteure reagieren da oft sensibler als Eltern, gerade im Bezug auf Neues, Unbekanntes. Kindern wird oft unterstellt, sie wären grundsätzlich offen und aufnahmebereit, also könnten sie sich auch schneller und leichter als Erwachsene in neue Zusammenhänge einfinden. Ich glaube aber, dass der erste Tag im Kindergarten für ein Kind eine große emotionale Belastung ist. Vergleichbar mit der eines kleinen Löwen, der seine neue Zirkusfamilie erstmals kennen lernt. Dass sich Kinder »nicht so anstellen« sollen, ist ein schreckliches Missverständnis aus dem Anfang des vergangenen Jahrhunderts, als man für Knaben noch gesunde Härte und von Mädchen stille Demut verlangte. Ich weiß, wovon ich rede, denn ich bin in einer strengen, aber fairen und immer klaren Umgebung aufgewachsen. Unter übertriebener Härte musste ich nie leiden, und auch nicht unter teilnahmsloser Beliebigkeit. Die antiautoritäre Erziehung, die in den sechziger Jahren propagiert wurde, ließ viele Kinder allein und zeigte ihnen weder Grenzen noch Vorbilder. Beide extremen Erziehungskonzepte – militärisch streng und antiautoritär – sind meiner Meinung nach gleich schrecklich. In der Manege wären beide eine Katastrophe.

»Kleine Löwen brauchen dasselbe wie kleine Menschen: Grenzen, Vorbilder, Zuneigung und Sicherheit.«

Kleine Kinder sind eine besondere Spezies, wunderbar entspannte Menschlein, die all die Ängste und Neurosen noch nicht kennen, mit denen die Großen sich herumschlagen müssen. Deshalb kann man einen Dreijährigen getrost neben einen völlig unbekannten anderen Dreijährigen in den Sandkasten setzen, mit der freundlichen Aufforderung: »Na, dann spielt mal!« Mit großer Wahrscheinlichkeit werden beide der Aufforderung nachkommen. Und wenn beide sich häufiger auf dem Spielplatz treffen, kann das der Beginn einer langen Freundschaft werden. Ebenso verhält es sich mit jungen Raubtieren: Bis zu einem Alter von zwei Jahren können sie sich gut anfreunden.

Erst das Alter fordert Distanz ein

Kein Dompteur würde einen ausgewachsenen Löwen neben einen anderen, ihm unbekannten ausgewachsenen Löwen setzen, nur weil beide ja irgendwie »das Gleiche« sind. Aber auch kein erwachsener Mensch lässt sich neben einen anderen Erwachsenen setzen, ohne ein Gefühl der Beklemmung und Fremdbestimmung in sich zu spüren. Deshalb bleibt in Kinos mit freier Platzwahl immer ein Sitz zwischen Fremden frei. Erst die feste

Platznummerierung kann Erwachsene zu solcher Nähe zwingen, vor allem weil sie ja kein Alphatier dazu gezwungen hat, sondern eine schlichte Kinokarte. Fazit: Es kann nicht jeder mit jedem – und es muss auch nicht jeder mit jedem können.

Der Dompteur als Lehrer

Zirkuskinder wachsen anders auf als andere Kinder. Sie sehen Vorbilder nicht nur in den Eltern und Geschwistern, sondern auch in allen Mitarbeitern des Zirkus. Sie erleben die tägliche Disziplin und das Aufeinander-angewiesen-Sein. Sie lernen, dass man ungefragt etwas wegräumen sollte, über das ein anderer stolpern könnte. Doch da man nicht nur über Kabeltrommeln stolpern kann, sondern auch über unausgesprochene Konflikte, lernen sie auch klare Ansagen zu machen, andere genau zu beobachten und sich, wenn nötig, zu entschuldigen. Sie lernen auch, dass in einer so großen und komplizierten Organisation wie einem Zirkus jeder wachsam und aufmerksam mitarbeiten muss, sonst kann sie nicht funktionieren. Der Zirkus ist eine Lebens- und Arbeitsgemeinschaft auf höchstem Niveau, die Menschen aller Altersgruppen einschließt. Zirkuskinder besuchen eine Lebensschule, die sie sehr früh zur Selbstständigkeit erzieht. Alles, was ich als Dompteur und Zirkusdirektor außerdem noch tun kann, ist Unklarheiten und widersprüchliche Botschaften zu vermeiden und zu wissen, was ich selbst will – um das Richtige von meinem Kind zu fordern.

»Nichts wird im Zirkus auf morgen verschoben, nichts unendlich diskutiert. Hier braucht man Lösungen. Das ist manchmal hart, aber für alle einfacher. Leichter fällt das allen Beteiligten, weil sie in eine Gemeinschaft eingebunden sind, die Sicherheit und Geborgenheit vermittelt.«

Geborgenheit in der Gruppe

Das Gefühl der Geborgenheit hilft Menschen und Tieren, Stress und Spannungen zu vermeiden. Und Menschen wie Tiere erfahren die erste Geborgenheit bei den Eltern, hauptsächlich bei der Mutter. Nun wird aber gerade Zirkustieren diese Grundsicherheit bald entzogen – selbst wenn ein junger Löwe mit zehn Monaten schon selbstständig ist und nach dem Zahnwechsel schon Fleisch fressen kann. Wer mit Raubtieren arbeiten will, muss mit möglichst jungen Tieren anfangen. Bei Löwen etwa im Alter von acht bis zehn Monaten, dann, wenn sie gerade von der Mutter abgesetzt werden. Und als Ersatz für die mütterliche Geborgenheit – die auch in freier Wildbahn schnell ein Ende findet – biete ich eine neue Geborgenheit an. Die in einer Löwengruppe.

Ich versuche dabei nicht, einen Elternersatz zu mimen. Ich bin kein Löwe – ich bin weder Gleichberechtigter noch Beute. Ich bin etwas ganz anderes, etwas Undurchschaubares. Würde mich der Löwe als Löwe verstehen, wäre das äußerst gefährlich. Ein ausgewachsener Löwe wird immer mal über einen anderen herfallen, und wenn er nur spielerisch seine Kraft an ihm messen will. Das kann sich aber kein Dompteur leisten, denn eines darf man nie vergessen: Egal ob Löwe, Tiger oder Leopard – der Dompteur ist immer der Schwächere und darf sich niemals in einen Bodenkampf verwickeln lassen. Wenn man in der Manege einmal stolpert, zu Boden geht und von einem Raubtier angefallen wird, bleibt einem nur, sich blitzschnell zusammenzukrümmen, den Kopf zu schützen und zu hoffen, dass von außen schnell Hilfe kommt. Dass wir diesen Tieren grundsätzlich unterlegen sind, vergessen viele Zirkusbesucher immer wieder.

Die erste Heimat – das »Nest«

Nachdem er von seiner Mutter abgesetzt wurde, braucht der junge Löwe eine neue Form der Geborgenheit, und die bieten wir ihm im Zirkus. Doch die neue Sicherheit eines jungen Löwen ist nicht sein Dompteur oder Tierpfleger, es ist die Sicherheit eines festen Platzes. Sein Revier im Käfig und sein Futterplatz sind jetzt sein »Nest«, das Vögel ebenso kennen wie Säugetiere und wir Menschen. Auf seinen Platz im Käfig flüchtet sich der kleine Löwe, wenn es ihm im spielerischen Kampf mit seinen Altersgenossen einmal zu wild wird. Er weiß, dass dieser Platz ihm (und nur ihm) gehört, dass er hier gefahrlos schlafen kann und auch sein Futter bekommt. Mit dieser Sicherheit geht er auch auf Reisen. Die Aufregung und die Geräusche bei einer Fahrt zu einem neuen Spielort stören junge Tiere kaum, weil sie in ihrem »Nest« transportiert werden. Wenn der Zirkus fährt, nimmt man alles mit, was die Tiere aus dem Winterlager und aus dem Training kennen: den Wohnkäfig, den

Manegenkäfig, das Laufgang, die Podeste und die Piedestale. Ohne diese vertrauten Dinge würden sich die Tiere niemals so schnell an eine neue Umgebung gewöhnen. Denn sie nehmen immer das Neue wahr, und wenn es nur ein Publikum ist, das sich in einer unbekannten Sprache unterhält. Das Gefühl der Sicherheit und eine vertraute Umgebung sind die Basis für jede fruchtbare Entwicklung.

Menschen funktionieren nicht anders. Wer unbedingt ein neurotisches Kind heranziehen will, muss ihm nur jeden Tag eine neue Umgebung präsentieren, ständig neue Menschen und Eindrücke und nie einen Platz, der erkennbar der des Kindes ist. Es reicht eben nicht, wenn man immer genug zu essen hat, warm und trocken schlafen kann und freundlich betreut wird.

Der ersten Sicherheit, dem »Nest«, dem gemütlichen Kinderzimmer, trauern viele Erwachsene ein Leben lang nach – ob sie deswegen auf Sylt Sandburgen errichten oder sich kleine englische Sportwagen kaufen, ob sie schummrige Partykeller einrichten oder im Garten eine Hängematte zwischen zwei Bäumen aufspannen. Wer von uns kennt nicht das ganz spezielle Geheimnis der ersten Heimat, jener Ursicherheit – und das muss nicht unbedingt ein fester Ort sein. Es kann sich auch um ein Lied, ein Stück Sachertorte oder einen Zirkusbesuch handeln.

Die zweite Heimat – die Manege

Dass man nicht sein ganzes Leben im Nest verbringen kann, ist eine universelle Wahrheit. Hier geht es – wieder einmal – Menschen nicht anders als Störchen, Mäusen oder Löwen. Man muss hinaus in die Welt, auch wenn man am Anfang noch von einem Führer oder Beschützer begleitet wird. Für kleine Zirkuslöwen ist der erste Ausflug in die Welt der Laufgang, den es zu erkunden gilt.

Wenn sich die Gruppe im Wohnkäfig beruhigt hat, wenn man sich aneinander gewöhnt und jeder seinen Platz erobert hat, kann ich anfangen, den kleinen Löwen ihre zweite Heimat zu zeigen. Ich öffne ganz langsam die Käfigtür.

Nun erwarten die meisten Menschen, die mit Tieren wenig Erfahrung haben, dass die kleinen Löwen wie wild hinaus in die »Freiheit« stürzen. Das tun sie nicht. Die offene Tür stellt für sie zunächst sogar eine Bedrohung dar. Freiheit ist ein großes Wort – für Tiere und für Menschen. Am Anfang sogar ein völliges Fremdwort, hinter dem sich nur Unbekanntes und Unwägbares verbirgt. Die jungen Löwen werden zunächst sehr vorsichtig die Türöffnung inspizieren. Für sie bedeutet sie nicht die Chance auf etwas spannendes Neues, sondern eher ein Verlust von Sicherheit. Plötzlich fehlt ein Stück Käfig, der ihrem Nest doch bisher Sicherheit gegeben hat. Irgendwann traut sich der erste Löwe aus dem Käfig. Vorsichtig schleicht er im Laufgang auf und ab, doch beim ersten Geräusch stürzt er sofort wieder auf seinen Nestplatz zurück. Nach und nach trauen sich alle Löwen aus ihrem Käfig(nest). Sie untersuchen die Gitter des Laufgangs, knabbern an den Stäben und rennen spielend auf und ab.

Wer das Neue erkunden will, muss schon etwas Mut mitbringen. Kein Tier will fliehen. Warum auch? Es ist ja zu Hause. Und neue Räume müssen erst vorsichtig untersucht werden. Taugen auch sie als Zuhause? Es ist auch nicht immer das Alphatier, das am mutigsten diese Erkundung vornimmt, oft ist es einfach das neugierigste, unternehmungslustigste oder dreisteste Tier.

Außerdem reagieren die verschiedenen Tierarten auch ganz unterschiedlich, wenn sie ihre zweite Heimat erkunden. Eisbären anders als Tiger. Das erklärt sich für mich ganz einfach: So wie ein Norweger ein anderer Mensch ist als ein Sizilianer, einfach durch seine Herkunft, etwa die klimatischen und kulturellen Erfahrungen, so sind auch in der Tierwelt die Charaktere verschieden. Eisbären, auch wenn sie nicht am Pol geboren sind, verhalten sich instinktiv wie in einer weiten Landschaft. Sie glauben, jede Bedrohung leichter und früher erkennen zu können. Sie sind deshalb wahrscheinlich entspannter und gelassener. Tiger dagegen haben im Dschungel oft nur wenige Meter freie Sicht. Bei jedem Geräusch müssen sie analysieren, was das sein könnte: Bedrohung oder Futter. Wer so lebt, ist natürlich vorsichtiger. Das natürliche Lebensumfeld – auch wenn die Tiere nicht in freier Wildbahn aufgewachsen sind – prägt die gesamte Verhaltensweise einer Art. Löwen sind gelassener. Sie leben in der Savanne, können weit sehen und haben meist riesige Futterherden vor sich, aus denen sie sich relativ leicht die besten Happen aussuchen können.

Aber der Laufgang ist ja nur der Weg in die zweite Heimat, denn wir wollen die Tiere schließlich in der Manege bewundern. Wenn kleine Raubkatzen zum ersten Mal den großen Manegenkäfig betreten, ist das immer ein unvergessliches Schauspiel.

Der große Moment

Der Himmel scheint sich für sie zu öffnen, denn eine derart hohe Kuppel haben sie vorher noch nie gesehen. Sie schleichen mit einer Mischung aus Neugierde und Unruhe durch die Manege, bis sie sich nach einiger Zeit immer wohler fühlen. Sie fangen an, sich gegenseitig anzuspringen, sich zu jagen, miteinander zu raufen und sich ineinander zu verbeißen. Irgendwann kehrt Ruhe ein, und sie kuscheln sich eng aneinander.

Diese Manege wird einmal ihre zweite Heimat werden, mit einem festen und sicheren Platz für jedes Tier auf seinem Podest. Die Minuten, in denen die Tiere zum ersten Mal an ihrem Arbeitsplatz sind, sind entscheidend. In diesen Momenten muss ich hellwach sein und meine späteren Mitarbeiter genauestens beobachten. Jedes Tier macht die Erfahrung des ersten Kontakts mit der Manege anders. Daran, wie es sie macht, kann ich viel ablesen – welche Nummer ich mit welchem Tier einstudieren kann, aber auch, wovor ich bei jedem Tier auf der Hut sein muss.

Der eigene Platz bedeutet Geborgenheit

Jedes Tier lernt in den ersten Tagen in der Manege, dass es hier seinen speziellen Sitzplatz hat. Dieses Postament ist seine eigene kleine Heimat: Hier ist es sicher, hier darf kein anderes Tier es angreifen, und hier muss auch ich die Finger von ihm lassen. Ohne dieses »exterritoriale« Gebiet könnte man in der Manege nicht sicher arbeiten. Die Tiere vertrauen dieser unsichtbaren

Schutzzone, verlassen sie für ein Kunststück und kehren danach wieder dorthin zurück. Sollte jemals etwas Unvorhergesehenes passieren, ein Unfall oder Angriff, muss jedes Tier automatisch sofort auf seinen Sicherheitsplatz zurückkehren. Man könnte diese Plätze mit den neutralen Ecken im Boxring vergleichen.

Simba weiß, dass er immer links von Rex und rechts von Mara sitzt, auch wenn er nicht weiß, was links und rechts ist. Sollte jemals zwischen Rex und Mara kein Postament stehen, wird Simba verunsichert vor den beiden auf- und ablaufen, seine Nervosität wird sich auf die anderen Tiere übertragen – und bald wäre in der Manege die Hölle los. Deshalb werden die Postamente immer exakt am selben Ort und in derselben Anordnung aufgestellt. Denn Chaos hat in der Manege nichts zu suchen.

Seinen Platz zu haben ist für jeden von uns lebensnotwendig. Nicht nur im übertragenen Sinn, etwa beim »Platz in der Gesellschaft« oder dem »Platz in der Firmenhierarchie«, sondern auch ganz konkret: ein Stammplatz am Esstisch etwa. Auch wenn wir uns noch so liberal geben und einem Gast auf die Frage, wo er sich hinsetzen soll, mit einer lässigen Handbewegung die freie Wahl gestatten, wird ein aufmerksamer Mensch sofort sehen, welcher Stuhl für ihn frei ist. Wenn ein Gastgeber die freie Platzwahl anbietet, wird er seinen eigenen Stammplatz immer unbewusst »besetzen«. Entweder legt er die Hand auf die Lehne seines Stuhls, oder er deutet durch einen Blick an, welche Plätze frei sind. Wenn man einem besonderen Gast einen Ehrenplatz anbietet, kann er davon ausgehen, dass dieser Stuhl im Alltag leer bleibt.

Wie wichtig der feste Platz ist, können Sie leicht selbst erfahren, wenn Sie etwa eines Morgens Ihren Arbeitsplatz aufsuchen und auf Ihrem Stuhl im Büro ein Fremder sitzt. Keiner kann sich gegen einen solchen Schock wehren, und jeder wird diese Situation als aggressiven Akt erleben. Wenn Sie einmal ein interessantes psychologisches Experiment machen wollen, setzen Sie sich doch in den Sessel Ihres Firmenchefs und warten Sie, bis er auftaucht. Bestenfalls wird er Sie anschnauzen, schlimmstenfalls droht Ihnen die fristlose Kündigung. Solche Reaktionen auf Tabuverletzungen folgen uralten Mustern. Noch heute etwa gilt bei einigen afrikanischen Jägervölkern die Berührung der Schlafmatte durch einen Fremden als todeswürdiges Verbrechen. Doch braucht man sich über diese nur scheinbar rückständigen Menschen nicht zu erheben – auch Manager in modernen Industriestaaten reagieren im Grunde ähnlich.

In der Schule werden Plätze traditionell vom Lehrer vergeben, und zwar nach zwei Gesichtspunkten: Einerseits will man schwierige und unaufmerksame Schüler im Auge haben, andererseits setzt man immer die auseinander, die sich entweder zu gut oder zu schlecht verstehen. Diese Taktik könnten Lehrer sich aus der Zirkusmanege abgeschaut haben, denn hier funktioniert es nicht anders. Zwei Tiere, die sich zu gut verstehen, darf ich auf keinen Fall nebeneinandersetzen, sonst könnten sie einmal auf die Idee kommen, sich gegen mich zusammenzuschließen – und den Dompteur gemeinsam anzugreifen. Nichts ist schlimmer als solche Attacken mit vereinten Kräften! Und Tiere, die sich nicht mögen, setzt man besser auch nicht nebeneinander, wenn man nicht ständig kleine Raufereien in der Manege haben will.

Das persönliche Revier als Sicherheit und Botschaft

Menschen sind nichts anders als Raubtiere, jedenfalls wenn es um das Territorium geht, das sie als ihr eigenes betrachten. Bei Raubtieren hängt die Größe dieses Territoriums davon ab, wo sie aufgewachsen sind. Ein Löwe, der in einer abgelegenen Gegend Afrikas lebt, kann ein Revier von bis zu 200 Quadratkilometer Größe beanspruchen, obwohl das auch ganz schön viel Stress für ihn bedeutet. Wenn er in einem Zoo oder Zirkus aufwächst, gewöhnt er sich an 20 Quadratmeter.

Bei Tieren gehört der Reviersinn zu den angeborenen Instinkten. Ob Bachstelze, Pavian oder Löwe – alle haben ihr Revier, unterschiedlich groß natürlich, und sie bewachen und verteidigen es auf ganz verschiedene Weise. Manche Tiere beanspruchen ihre Reviere nur auf Zeit und verlegen sie mit dem Wechsel der Jahreszeiten, andere behalten ihr Revier ein Leben lang. Die Vegetation bestimmt in der Natur den Tierbestand und das Revierverhalten. Wenn die Pflanzenfresser weiterziehen, um neues Weideland zu finden, müssen ihnen die Raubtiere folgen.

Es ist nicht zu weit hergeholt, wenn man dieses Revierverhalten auch auf den Menschen überträgt. Jeder Mensch beansprucht für sich ein Territorium, das wie eine Erweiterung seines eigenen Körpers ist. Wir alle haben ein Revierbedürfnis, es stellt sich in verschiedenen Kulturen und Ländern lediglich unterschiedlich dar. Das beanspruchte Territorium hängt von der Bevölkerungsdichte und dem kulturellen Hintergrund ab. Japaner haben zum Beispiel eine deutlich andere Vorstellung von ihrem Territorium als Norweger. Aber diese Vorstellungen sind unbewusst, sie werden nicht ständig hinterfragt. Ein Norweger fühlt sich wahrscheinlich in einer Tokioter Einkaufsstraße nicht wohl, während es einem Japaner auf einem der norwegischen Fjells ebenso gehen wird. Der Norweger wird sich in der Stadt mit 14 000 Einwohnern pro Quadratkilometer beengt fühlen, der Japaner wird sich dagegen in den ungewohnten Weiten Norwegens mit nur 14 Einwohnern pro Quadratkilometer verloren vorkommen.

Menschen haben das Bedürfnis nach einem schützenden Raum – nur wie der aussehen sollte, das kann ganz unterschiedlich sein. Er kann vom Lieblingssessel über das Auto bis zum Heimatdorf reichen. Früher hatte Mutter ihre Küche und Vater seinen Ohrensessel. Aber auch wenn die Zeiten sich geändert haben, brauchen wir immer noch unsere Reiche und Fixpunkte. Wir erwählen uns permanent Lieblingsplätze – im Zug oder im Lokal, im Büro und am Küchentisch.

Die kleine Wohnung eines Großstädters kann ebenso ein Revier sein wie das Häuschen mit Garten in einem Vorort oder das weite Land einer Bauernfamilie. Man kann nicht auf den Zentimeter exakt bestimmen, wie groß das individuelle Revier jeweils sein muss – aber man kann bei jedem

Einzelnen sehr genau die Reaktion ablesen, wenn man seine Reviergrenze übertritt.

Wie der Löwe trägt der Mensch eine unsichtbare Hülle mit sich herum, deren Abmessung beim Menschen von Kultur, Bevölkerungsdichte und persönlicher Geschichte bestimmt wird.

Viele Faktoren haben Einfluss darauf, wie groß unser menschliches Revier sein muss, damit wir uns darin wohlfühlen: Kultur, Bevölkerungsdichte und persönliche Geschichte. Auch der individuelle Status spielt eine Rolle. Je höher in westlichen Industrienationen der Status eines Menschen, umso größer auch das Territorium, das er beansprucht und nach gesellschaftlichen Normen auch beanspruchen muss. Dem Chef gebührt ein größeres Büro als seinen Mitarbeitern.

Ein Revier dient auch dazu, anderen Grenzen aufzuzeigen. Im einfachsten Fall geschieht das, indem man ständig sein Territorium durchstreift und sich in ihm zeigt. Bei manchen Lebewesen – etwa bei Hunden, aber auch bei Raubtieren – geschieht das durch Markieren. Wenn ein Hund sein Bein hebt, setzt er kleine Duftmarken, um sein Revier zu markieren. In den Zeiten des amerikanischen Goldrauschs steckten Goldsucher ihren Claim ab und verteidigten dessen Grenzen mit der Waffe in der Hand. Inzwischen markieren wir unser Territorium durch einen Grundbucheintrag, einen Mietvertrag oder einen Gartenzaun.

Aber noch sind wir der ursprünglichen Form der Grenzziehung nicht ganz entwachsen. Auch wir markieren unser Revier noch mit unseren »Duftmarken«. Davon kann jeder Hotelgast an einem Mittelmeerstrand ein Lied singen. Die Liegen, die schon vor dem Frühstück (vorzugsweise von Deutschen und Engländern) mit Handtüchern belegt wurden, entsprechen hündischen Urinmarken. Wir stecken ständig unsere Claims ab: Eine Zeitung, quer auf den Cafétisch gelegt, hält uns die restlichen Plätze frei, ein Mantel über der Rückenlehne eines Kinosessels signalisiert, dass hier einer aus unserem Rudel sitzen wird, und wenn wir einen Tisch im Lesesaal der Bibliothek mit einer Brille markieren, wird sich keiner in unser kleines Kurzzeitrevier wagen. Jedenfalls kein Mensch, der die Sprache der Reviermarkierung versteht.

Auch Menschen verteidigen ihre Territorien

Territorien werden verteidigt, jedenfalls wenn ihre »Besitzer« das Gefühl haben, dass sie angegriffen werden. Wenn Sie sich wütend bei einem Verkäufer beschweren, weil er Ihnen einen Murks verkauft hat, und sich dabei im emotionalen Überschwang über seine Theke beugen, dringen Sie in sein Territorium ein. Das macht es ihm fast unmöglich, sich bei Ihnen zu entschuldigen und das Problem besonnen zu lösen. Sichern Sie also jedem zu, dem Sie mit Vorwürfen oder Aggressionen begegnen, dass er wenigstens einen Rest an Sicherheit behält – sein kleines Schutzterritorium.

Wenn der Ladeninhaber den Kunden jedoch beschwichtigen will, sollte er schleunigst hinter seiner Barriere hervorkommen und sich dem Kunden stellen. Indem er sein sicheres Territorium verlässt, signalisiert er dem aufgebrachten Gegner Einsicht und Verhandlungsbereitschaft. Kommt er allerdings zu schnell aus seinem Territorium angestürzt, wird das der andere als Aggression wahrnehmen.

Sensibler Umgang mit Territorien ist auch bei Begegnungen mit der Polizei geraten. Werden Sie in Ihrem Auto von einer Streife gestoppt, hat es sich – außer bei der amerikanischen Highway-Patrol – bewährt, sofort den Motor abzustellen, auszusteigen und langsam zum Polizeiwagen zu gehen. Das zeigt an, dass Sie souverän sind, nichts zu verbergen haben – und noch aufrecht gehen können.

Der Polizist wird froh sein, dass er sein kleines fahrbares Territorium nicht verlassen muss. Wenn Sie nun auch noch den Größenunterschied nivellieren, sich bücken und in Augenhöhe mit dem Beamten sprechen, wird sich so leicht keine Aggression aufbauen.

Die meisten Aggressionen zwischen Menschen entstehen, weil man unbewusst in ein fremdes Territorium einbricht.

Verhörtechniken der Polizei und des Militärs basieren ebenfalls auf dem Eindringen in menschliche Schutzzonen. Bei einer »territorialen Invasion« rückt der verhörende Beamte langsam immer näher an den Delinquenten heran, verletzt manchmal sogar seine Intimzone. Menschen, die verhört werden, sitzen meist auf einem Stuhl ohne Lehne mitten im Raum, also ohne Schutzbarriere, wie sie etwa ein Tisch darstellen würde. Wenn der Verhörende dem zu Verhörenden auf den Pelz rückt, spürt er sehr schnell, ob ein gutes Gewissen nur gespielt ist. Solche Verletzungen der Intimsphäre ertragen eben nur Unschuldige – und abgebrühte Profis.

Im Berufsleben wird das eigene Territorium manchmal vom Chef verletzt. Das ist unklug, denn er greift damit die Sicherheitszone des Mitarbeiters an, und wer verunsichert ist, der macht viel leichter Fehler. All diese territorialen Übergriffe wirken eher belastend als erzieherisch. Sie sind autoritäre Machtsymbole, die höchstens für ein angstvolles Klima sorgen können, nie für ein kreatives und effektives Miteinander.

Zeichen für die Sensibilität dieser Zonen findet man ständig und überall. Denken Sie zum Beispiel an ein Mittagessen mit jemandem, den Sie noch nicht sehr gut kennen. Unbewusst richtet jeder auf dem Tisch seine persönliche Zone ein. Bei zwei Personen, die sich an einem Tisch gegenübersitzen, verläuft die unsichtbare Demarkationslinie genau auf der Hälfte des Tisches zwischen ihnen. Jeder beschränkt seine Aktionen auf seine Seite des »Spielfelds«. Verletzt nun einer der beiden diese ungeschriebene Regel, legt er zum Beispiel seinen Autoschlüssel oder eine Zigarettenpackung (ohne dem anderen davon anzubieten) in das fremde Territorium, ist das eine unbewusste Herausforderung. Sein Gegenüber wird – ob dieses subtilen Angriffs – unruhig werden, allerdings ohne zu verstehen warum.

Verkäufer lernen während ihrer Ausbildung, dem Kunden nie den Weg zum Ausgang zu verstellen oder ihm zu eng auf den Leib zu rücken. Der Kunde soll ständig das Gefühl haben, selbst entscheiden und jederzeit gehen zu können. Niemand will in die Enge getrieben werden – kein Raubtier und kein Mensch.

Management in der Manege

Ich bin kein Manager und habe nie einen Managementkurs besucht, aber in der Manege lernt man mehr, als nur Raubtiere in Schach zu halten. Als Zirkusdirektor bin ich auch Chef eines mittelständischen Unternehmens mit über 100 Angestellten und muss oft mit meinen Abteilungsleitern Besprechungen abhalten. Solche Konferenzen sind manchmal kleine Gefechte, in denen man nicht nur mit überlegenen Argumenten und eindeutiger Körpersprache gewinnt. Vor allem braucht man eine gute Position. Wie auf einem Schlachtfeld sind strategische Stellungen entscheidend. Also lege ich eine Sitzordnung fest, die mir meine Aufgabe erleichtert und möglichen Widersachern das Leben schwer macht. Ich muss allerdings zugeben, dass ich in meinem Zirkus keine missgünstigen Gegner habe, höchstens selbstbewusste Mitarbeiter, die ich überzeugen muss, damit sie motiviert sind.

Ich hatte vor Jahren einmal Besuch von ein paar Managern einer großen Versicherung, die mich nach einer Vorstellung baten, etwas zum Thema »Manege und Management« zu erzählen. Ich tat ihnen gern den Gefallen. Und hier folgt nun – zusammengefasst – die Übertragung meiner Arbeit mit Raubtieren auf den Alltag eines Managers:

Menschen richtig zu setzen ist eine große Kunst, das weiß jeder Gastgeber, aber das sollte auch jeder Chef wissen. Die Sitzordnung bei offiziellen Anlässen und Festen ist eine Wissenschaft für sich, und man muss dabei an Ähnliches denken wie ein Dompteur, der für seine Tiere in der Manege die richtigen Plätze sucht: Kennen sie sich? Vertragen sie sich? Haben sie in letzter Zeit negative Erfahrungen miteinander gemacht? Können sie nebeneinander sitzen, ohne einen Streit vom Zaun zu brechen? Kann ich sie nebeneinander setzen, ohne dass sie sich gegen mich verbünden?

Sie haben zwar einen schweren Stand, wenn Sie sich gegen vier Gegner durchsetzen müssen, die alle anderer Meinung sind als Sie – aber Sie sind wirklich rettungslos verloren, wenn Sie noch dazu eine ungünstige Position im Raum einnehmen müssen. Etwa, wenn an einem rechteckigen oder ovalen Tisch die beiden Enden von Gegnern besetzt sind und man Ihnen einen Störenfried an die Seite gesetzt hat, dessen Aufgabe es ist, Sie zu unterbrechen und den Blickkontakt von einem der beiden Brückenköpfe abzuziehen.

Besetzen Sie deshalb möglichst immer einen dominanten Platz. Bei länglichen Tischen den »Königsplatz« (das der Türe gegenüberliegende Tischende) und bei runden Tischen den Platz, bei dem Sie das Fenster im Rücken haben. Gegen die

Sonne spielen zu müssen, ist nicht nur beim Fußball ein Handikap.

Sitz! – Aufmarschplan für Sitzungen

In den Manegen des Alltags sind die Plätze nicht so fest vergeben wie bei einer Raubtiernummer, und doch kristallisieren sich immer die gleichen Strukturen heraus. Der Chef – der Dompteur – bestimmt die Sitzordnung.

Der »Dompteur« bestimmt die Sitzordnung. Und die ist Abbild der Hierarchie.

Bei rechteckigen Tischen funktioniert das folgendermaßen: Der Platz an einem Kopfende wird vom Chef besetzt. Das andere Kopfende sollte einem Vertrauten zugewiesen werden. Wenn der Platz jedoch sehr schlecht ist – starkes Gegenlicht oder die Tür im Rücken –, kann er auch an einen Gegner vergeben werden. Neben sich setzt der Chef einen Mitstreiter, daneben einen Gegner, daneben wieder einen Verbündeten – idealerweise denjenigen, der am besten informiert ist und sich besonders gut ausdrücken kann. Gute Strategen legen Wert darauf, die Mitglieder der gegnerischen Partei nie geschlossen nebeneinander zu setzen. Die vorausgehende Belegung des Tisches mit Namensschildchen ist eine Machtdemonstration, die schon vor dem Beginn der Konferenz ganz deutlich macht, wer hier das Sagen hat.

Bei runden Tischen scheint es keine Hierarchie zu geben. Doch schon König Artus wusste, dass an seiner berühmten Tafelrunde zwar alle gleich sein sollten – manche jedoch gleicher waren. Wo der »Kopf« eines runden Tischs ist, legt der Chef ganz einfach fest: Er platziert links und rechts neben sich seine beiden wichtigsten Mitarbeiter, ihm gegenüber einen gut informierten und eloquenten Verbündeten – der Rest darf sich setzen, wie er will. Natürlich bietet der Königsplatz immer einen Blick auf die Tür.

Wenn man einen Gast, Kollegen oder Untergebenen in seinen vier Wänden empfängt, zeigt sich schnell, wie souverän man ist – oder welche Absicht man mit dem Treffen verbindet.

An einem rechteckigen Tisch sucht sich der »Tischherr« immer den Chefplatz, wenn auch meist völlig unbewusst. Chefplätze sind prominent wie ein Thron, etwa am Kopfende einer Tafel, mit dem Blick auf die Tür oder mit dem Fenster im Rücken.

Bei einem Gespräch unter vier Augen spielt der Schreibtisch eine wichtige strategische Rolle. Man kann sich hinter seinem Tisch verschanzen und verstecken, man kann diese Barriere aber ebenso gut niederreißen. Wenn Sie der Schreibtischbesitzer sind, geben Sie durch die Stellung des Besucherstuhls schon eine wichtige Vorgabe. Die schlimmste (aber auch für den Besuchten riskanteste) ist es, wenn der Besucher seinen Stuhl erst zum Schreibtisch tragen muss. Eine arrogante Vorgabe, die ein gewiefter Gegner schnell zum eigenen Vorteil ummünzt, denn er wird den Stuhl nicht Ihnen gegenüber aufstellen, sondern an einer Schmalseite des Tisches. Somit sind Sie nur noch durch eine Ecke getrennt, und der andere hat sich einen wichtigen Platzvorteil verschafft. Wenn er aber ganz auf seinen Stuhl verzichtet und sich lässig an Ihren Tisch lehnt (oder sich gar auf eine Ecke setzt), steht er entweder in der Firmenhierarchie über Ihnen, oder er ist schlicht unverschämt. Gleichberechtigte Gespräche verlagert man deshalb lieber in die berühmte Sitzecke, eine Einrichtung, über die man ab einer bestimmten Position in der Hierarchie verfügen kann und die eine halbprivate Atmosphäre schaffen soll.

Gemischte Raubtiergruppe: Sitzungen in der Manege

Die Arbeit in der Manege hat in meinen Augen viele Parallelen zu Sitzungen und Konferenzen, die ich als Direktor eines mittelständischen Unternehmens häufig leiten muss. Da sind einmal die äußeren Umstände: Man sitzt im Kreis, und einer leitet die Diskussion – in meinem Zirkus ist das der Dompteur. In Firmen ist es ein Geschäftsführer, ein Diskussionsleiter, Moderator oder der Firmeninhaber. Natürlich werden hier keine Kunststücke vorgeführt, aber der Aufbau einer solchen Sitzung ist der Choreografie in der Manege ähnlich. Es gibt eine Tagesordnung, die exakt und in der festgelegten Reihenfolge abgearbeitet werden muss – andernfalls droht Chaos. Denn solche Zusammenkünfte sind schließlich keine netten Betriebsfeiern und Plauderstündchen.

Auch wer die Sitzung leitet, ist keine nebensächliche Größe. Es ist nicht so, dass eben irgendeiner das Ganze leiten kann – es muss ein Bestimmter tun, einer, der es auch versteht und dem die Position zusteht. Keiner meiner Löwen oder Tiger käme auf die Idee, die Sitzungsleitung zu übernehmen. Falls doch, hätte ich ein ernstes Problem. Der Gedanke, dass während einer Vorstellung aus dem Chef ein Gleichrangiger oder gar Unterlegener werden könnte, darf gar nicht erst aufkommen.

Aus meiner Erfahrung als Zirkusdirektor weiß ich, dass die Vorbereitung einer Sitzung Zeit kostet und viel Kreativität fordert und dass die Vorarbeit genauso wichtig ist wie die Sitzung selbst. Wenn ich ein Treffen zur Vorbereitung einer neuen Saison plane, überlege ich zuerst: Wer nimmt teil, wer wird über welches Detail sprechen, wie ist die beste Reihenfolge der Themen, wer sitzt wo – und wo sitze ich?

Das gelungene Meeting – die perfekte Raubtiernummer

Ich halte meinen vorab erarbeiteten Zeitplan eisern ein, so als ob jeder Sitzungspunkt eine Raubtiernummer wäre – wie in der Manege. Bei einem Meeting hat man es zwar nicht mit dressierten Raubtieren zu tun, die vorführen, was sie gelernt haben, aber manchmal mit viel gefährlicheren Charakteren. In der menschlichen Manege treten immer wieder Typen auf, die anderen die Zeit stehlen wollen, die besonders lange, ausführlich und ungenau reden, weil sie froh sind, endlich einmal das Wort zu haben. Da muss der Dompteur eingreifen – freundlich, aber bestimmt –, kurz die ausufernde Rede zusammenfassen und dem Nächsten das Wort erteilen.

Es gibt auch die Kollegen, die eine Besprechung zum Anlass nehmen, alte Feindschaften zu pflegen und ihre Gegner vor allen anderen Anwesenden anzugreifen. Auch hier muss der Dompteur dazwischengehen. Ich ersticke jede Aggression augenblicklich im Keim, spreche sie sofort auch als solche an und bestelle die Konfliktparteien anschließend bei mir zu einem Gespräch im kleinen Kreis ein.

Schlecht vorbereitete Sitzungsteilnehmer kann man auch nicht endlos vor sich hin stammeln lassen. In der Manege darf ein misslungenes Kunststück noch ein zweites Mal versucht werden (aber danach ist auch Schluss!). Daher zieht man die Person nach dem zweiten erfolglosen Versuch aus dem Verkehr und bittet sie, das nächste Mal besser vorbereitet aufzutauchen.

Eine besondere Sitzung, die ich mit allen meinen menschlichen Mitarbeitern jedes Jahr einmal abhalte, ist die Einzelsitzung. Dafür gibt es keinen vorher angesetzten Termin und auch keine Tagesordnung, aber jeder meiner Mitarbeiter soll und darf mir mindestens einmal in der Saison unter vier Augen das Herz ausschütten. Ich will wissen, wie es ihm und seiner Familie geht, was ihm fehlt, was ihn stört oder freut, wie es um seine Gesundheit steht – und ob er vielleicht Verbesserungsvorschläge hat. Das habe ich als Zirkusdirektor von mir als Dompteur gelernt: Man muss jeden, mit dem man arbeitet, genau beobachten, ihm zuhören und versuchen, sein inneres Wesen zu erkennen und zu verstehen. Das hilft ihm und mir, und im Endeffekt hilft es dem ganzen Unternehmen.

Über die Sicherheit in menschlichen Manegen

Hoffentlich trete ich Ihnen nicht zu nahe, wenn ich das Elternhaus, den Kindergarten, die Schule und die Arbeitsstätte als Manegen bezeichne. Im Grunde genommen erfüllen sie nämlich alle dasselbe Anforderungsprofil wie eine Zirkusmanege: In einem fest umgrenzten Rahmen wird Erlerntes und Eingeübtes schließlich vorgeführt – unter der Leitung eines von allen akzeptierten Chefs oder Trainers.

Auch als ausgewachsene – und am höchsten entwickelte – Säugetiere brauchen wir Menschen eine Heimat und Sicherheit, daran kann auch keine Mode und Theorie etwas ändern. So versuchte vor zehn Jahren eine skandinavische Firma, das Büro der Zukunft zu entwickeln: Die Mitarbeiter hatten keine festen Arbeitsplätze mehr, sondern durften sich jeden Morgen einen neuen in dem ultramodernen Bürogebäude aussuchen. Ihre Arbeitsunterlagen waren in Rollcontainern untergebracht. Die Auswahl reichte von lauschigen Nischen an plätschernden Wasserfällen über Hightech-Großraumbüros bis zu kleinen, gemütlichen Einzelbüros. Man erhoffte sich von diesem Angebot mehr Kommunikation, mehr Spaß an der Arbeit und mehr Kreativität. Nach der anfänglichen Euphorie und Neugierde auf neue Erfahrungen schlug das Urprogramm unserer ältesten Hirnregionen wieder zu. Die Mitarbeiter beklagten sich über Strukturverlust und Chaos, sie begannen wieder eine Art der alten Ordnung herzustellen, zogen sich immer wieder an dieselben Arbeitsplätze zurück – die Produktivität ließ deutlich nach. Man beendete das Experiment schließlich stillschweigend und gab sich dem Reptiliengehirn geschlagen.

Ohne das sichere Gefühl der Heimat kann sich kein Lebewesen völlig entspannen, ohne Entspannung kann kein Lebewesen seine volle Leistung erbringen.

Neue Situationen einüben

Dass man nicht immer einen bekannten, sicheren Hafen braucht, sondern dass schon ein wenig Vertrautheit mit der Fremde enorm hilfreich sein kann, erleben wir tagtäglich. Sie müssen zum Beispiel erstmals zum Finanzamt, vielleicht weil Sie zu Ihrer Steuererklärung noch ein paar knifflige Fragen haben. An der Information lassen Sie sich den Weg zu Ihrem zuständigen Sachbearbeiter erklären, und nachdem Sie sieben Treppen und dreizehn Flure hinter sich haben und endlich vor seinem Schreibtisch sitzen, macht er Sie darauf aufmerksam, dass Sie das Formblatt KVR/335 vergessen haben.

Sie kommen am nächsten Tag wieder und erleben eine erstaunliche Veränderung Ihres emotionalen Zustands: Sie betreten das Finanzamt mit elastischen Schritten, grüßen im Vorbeigehen an der Information, bewältigen den Slalom durch die Flure, als würden Sie hier selbst arbeiten, klopfen kurz an die Tür und setzen sich entspannt zu Ihrem Sachbearbeiter an den Tisch.

Was ist passiert? Allein die Tatsache, dass Sie sich in einer bereits vertrauten Umgebung bewegen, hat Ihnen deutlich mehr Sicherheit und Selbstbewusstsein gegeben. Es ist für jeden Menschen ein großer Unterschied, ob er eine bestimmte Tür das erste oder das zweite Mal öffnet. Ob er sie hundertmal oder tausendmal aufgemacht hat, fällt dagegen nicht mehr so sehr ins Gewicht.

Löwen in der Manege reagieren wie Menschen in Finanzämtern – beim ersten Mal sind sie misstrauisch, verunsichert und vorsichtig. Beim zweiten Mal haben sie bereits mehr Vertrauen. Erst dann kann man etwas mit ihnen anfangen, erst dann sind sie mit ihren Fähigkeiten auch präsent. Und was bei Löwen funktioniert, kann man sich auch als Mensch zunutze machen. Wenn Sie etwa einen schweren Gang vor sich haben, ein anstrengendes Gespräch in fremder Umgebung, einen Vorstellungstermin, von dem viel abhängt – machen Sie es wie Dompteure: Setzen Sie einen Probelauf an. Fahren Sie zu dem Gebäude, in das Sie Ihr schwerer Gang führen wird, wandern Sie einmal rundherum, betreten Sie es und gehen Sie wenn möglich bis zu der Tür, durch die Sie im Ernstfall auch müssen. Ein solch einfaches Training wird Ihre Selbstsicherheit erhöhen und Ihr Auftreten deutlich entspannter wirken lassen. Sie haben den Erstkontakt schließlich schon hinter sich.

Ein Stück Heimat geht mit auf Reisen

Auch Zirkusleute, von denen man allgemein annimmt, dass sie sich grundsätzlich in der Fremde zu Hause fühlen, brauchen die zwei »Schutzhüllen« der ersten und zweiten Heimat. Wenn wir zwei Drittel des Jahres auf Reisen sind, nehmen wir sie einfach mit. Jeden Tag in einer anderen Stadt, in immer neuen Zelten zu arbeiten und in Hotels zu leben wäre auf Dauer ein zu großer Stress. Für die Menschen und die Tiere. Deshalb haben Artisten ihre liebevoll eingerichteten Wohnwagen, in denen sie während der Reisezeit leben. Aber machen Sie sich nur keine falschen Vorstellungen: Diese Wagen sind auch nichts anderes als die Campingwagen, mit denen Millionen von Urlaubern ein Stück Heimat mit in die Fremde nehmen.

Alles Fremde und Unbekannte ist ein Angriff auf unsere erste oder zweite Heimat.

Jeder von uns kennt die verschiedensten Arten von Ersatzheimat. Die Menschen haben in der Vergangenheit Sätze wie »My home is my castle« und »Trautes Heim, Glück allein« geprägt, um ihre Heimatnester – also ihre Wohnungen oder Häuser – zu beschreiben. Und sie fühlen sich sicher und geborgen in noch größeren Konstrukten wie dem des Vaterlands und der Muttersprache.

Das Gewohnheitstier lebt in uns allen

Spontaneität ist kein Begriff, mit dem Raubtiere etwas anfangen können. Will man einem Tier ein Kunststück beibringen, muss man daraus eine Gewohnheit machen. Raubkatzen fühlen sich dann sicher, wenn das Leben in immer gleichen, vorgezeichneten Bahnen verläuft. In freier Wildbahn benutzen sie ausschließlich die gleichen Pfade, jagen immer auf dieselbe Weise, schärfen ihre Krallen an denselben Bäumen und trinken aus denselben Wasserlöchern. Ein Kunststück, das zur Gewohnheit geworden ist, bedeutet für das Tier schließlich auch Sicherheit. Selbst die Zirkusnummer muss immer denselben Ablauf haben. Die Choreografie steht fest. Die Tiere kämen sofort durcheinander, wenn man etwas daran ändern würde. Sie können zwar alles, aber eben nur in der richtigen Reihenfolge.

Auch Menschen sind in mancher Hinsicht Tiere – Gewohnheitstiere. Bei Kindern kann man das besonders deutlich beobachten. Bekannte Gesichter, gleich bleibende Tagesabläufe, Routinen und nie wechselnde Reihenfolgen – bis hin zu den Mahlzeiten. Wenn Eltern stöhnen, dass Kinder in einem bestimmten Alter immer nur das Gleiche essen wollen (am liebsten Nudeln oder Pommes frites), unterschätzen sie die symbolische Kraft des Essens. Nicht nur Geschmack und Sättigung sind Kindern wichtig, sondern auch die gleich bleibenden Rituale, das Zusammensitzen und die Sicherheit des Gleichmaßes. In den studentenbewegten Zeiten der späten sechziger und der siebziger Jahre des 20. Jahrhunderts stießen die Bemühungen individualistischer Jungeltern folgerichtig auf gehörigen Widerstand bei den Kindern. Die Kinder sollten ebenso spontan sein wie die Erwachsenen, sich aus den Fesseln der Rituale und gleichförmigen Abläufe lösen – aber Kinder lieben Rituale und Gleichförmigkeit. Denn Rituale geben ihnen Sicherheit, und nur in dieser Sicherheit können sie sich entwickeln und eigene Stärken finden.

Erziehung bedeutet, aus einem Verhalten eine Gewohnheit zu machen, eine Gewohnheit, die nach und nach zur Sicherheit wird.

Auch der Erwachsene bleibt ein Gewohnheitstier. Er will und muss im Büro seinen festen Platz haben, seine feste Arbeits- und Pausenzeit, er muss seine Kollegen kennen und vor allem seine Arbeit. Die »Zirkusnummern«, die wir Tag für Tag vorführen, können beispielsweise sein: Kalkulationen für Kredite, Korrekturen an Manuskripten, Vorträgen und Reden, Handgriffe an Maschinen oder medizinische Diagnosen. Wir können sie ausüben, weil wir sie lange eingeübt haben und sie mal mehr, mal weniger perfekt im selben Ablauf abspulen. Änderungen und neue Arbeitsabläufe sind nur schwer zu ertragen, neue Reihenfolgen im Ablauf und unbekannte Aufgaben erzeugen sofort Stress.

Grenzen setzen und Nein sagen

Grundsätzlich sollte man bei jeder Form des Zusammenlebens – und dabei kann man zwischen Menschen und Tieren tatsächlich kaum Unterschiede ausmachen – möglichst früh Grenzen setzen und klare Linien aufzeigen. Dazu gehört aber auch, dass man selbst eine klare Linie hat. Man muss also wissen, was man will, was man dulden kann und was man nicht erleiden will. Wo ist meine Schmerzgrenze? Wo ist die Grenze zwischen künstlich aufgesetzter oder von einer Mode bestimmter Toleranz und persönlicher Akzeptanz? Diese klare Linie zu finden ist immer gut (es macht das Leben einfach leichter), und einer der Anlässe, darüber nachzudenken, ist häufig Familienzuwachs – ob durch Kinder oder Haustiere. Und für beide gilt: Jedes Familienmitglied tut sich leichter und fühlt sich wohler, wenn es weiß, wo es in der Familie steht, wo die Grenzen sind und welches Verhalten nicht akzeptiert wird.

Was ein Dompteur vor allem braucht – neben Liebe zum Tier, neben Aufmerksamkeit und Erfahrung –, ist absolute Klarheit. Er muss die Klarheit in sich selbst finden, und er muss die Klarheit ebenso präzise nach außen wiedergeben. Er muss Nein sagen, wenn er Nein me nt – und er darf diese Aussage auf keinen Fall revidieren. Nein sagen zu lernen ist eine wichtige Fähigkeit, die man Dompteuren abschauen kann. Das bedeutet, dass man es sich sehr genau überlegen muss, was man überhaupt meint. Die Qualität, einen festen Standpunkt und eine feste Meinung zu haben, spiegelt sich auch in der Qualität der Aufführung in der Manege wider. Wenn die Tiere wissen, dass »Nein« auch »Nein« bedeutet und nicht »Vielleicht«, hat man sie im Griff. »Nein« darf weder »Vielleicht« bedeuten noch – nach einigem Hin und Her – am Ende doch »Ja«. Denn Tiere diskutieren nicht, sie gehorchen, oder sie gehorchen nicht. Wenn mir meine Raubkatzen nicht gehorchen, kann das leicht tödlich enden.

Unter Menschen ist die Klarheit des Nein nicht so lebensnotwendig, aber sie macht das Leben einfacher – für jeden. Eltern, die zu schnell Nein sagen – etwa auf die Bitte eines Kindes nach einer Süßigkeit, während man im Supermarkt einkauft –, sehen sich oft dem Problem gegenüber, dass sie nach einigem Nachdenken feststellen, dass man dem Kind eigentlich doch seinen Wunsch erfüllen könnte.

Schlimmer noch, wenn man vom Nein zum Ja wechselt, weil das Kind schreit, weint oder strampelt und weil man gerade nicht die Nerven für eine solche Auseinandersetzung hat. Das ist dann der unscheinbare Beginn einer tragischen Unart, die in der Zukunft noch viel mehr Nerven kosten wird, denn das Kind hat gelernt: »Nein« bedeutet nicht »Nein«, es bedeutet nur, dass das Ja etwas später kommt. Manchmal muss man einfach warten, aber es kommt schneller, wenn man schreit, weint oder strampelt.

Ein Nein muss immer ein Nein bleiben, so radikal und altmodisch das auch klingen mag. Das heißt nicht, dass es im Supermarkt nie Süßigkeiten geben darf. Wenn Sie allerdings einmal Nein gesagt haben, müssen Sie dabei bleiben. Auf diese Weise lernen alle, sich immer an den Vertrag zu halten: Was gesagt ist, bleibt bestehen. Das wird nicht nur das Leben von Eltern erleichtern (und ich weiß, wovon ich spreche, denn neben zwei Dutzend Raubtieren habe ich auch zwei Kinder aufgezogen), es wird auch Ihren Kindern wohl tun. Kinder lieben nichts so sehr wie Klarheit, auch wenn das auf den ersten Blick nicht den Anschein hat. Aber die Klarheit der Eltern befreit die Kinder von dem Zwang, ständig Grenzen erkunden zu müssen. Klare Grenzen, klare Ansagen, klare Vereinbarungen – an die sich beide Seiten halten. Denn was für das Nein gilt, muss auch für das Ja gelten. Versprochen ist versprochen.

Unter Erwachsenen – in der Partnerschaft wie im Berufsleben – kann Neinsagen ebenfalls sehr heilsam sein. Man muss es allerdings ernst meinen mit seinem Nein. Es darf kein Teil eines Machtspielchens sein und kein Reflex, es muss Ausdruck der eigenen Klarheit sein.

Wenn Sie beispielsweise ein Betrunkener auf der Straße anpöbelt, sagen Sie einfach Nein und gehen Sie weiter; wenn jemand etwas von Ihnen fordert, das Sie unverschämt finden, sagen Sie ganz deutlich Nein.

»Es reicht nicht, dass Sie Nein sagen, Sie müssen es auch meinen. Sagen Sie es dem anderen immer mitten ins Gesicht und schauen Sie dabei nicht weg.«

Versicherungsvertreter lernen in ihrer Ausbildung, wie man ein drohendes Nein verhindert. Wenn sie einen Vertrag mit ihrem Kunden so lange besprochen haben, dass es keine offenen Fragen mehr gibt, schieben sie ihm das Papier über den Tisch zu, schrauben einen Füller auf und legen ihn auf den Vertrag. Dann schauen sie ihr »Opfer« an. Wer jetzt noch Nein sagen will, muss sich beeilen – und er darf vor allem eines nicht: Er darf nicht als Erster wegschauen. Hält er dem Blick des Vertreters nicht stand, hat er schon verloren. Ein unsicherer Vertreter dagegen, der bei einem solchen Blickduell zuerst wegschaut, lässt bei seinem Gegenüber spontan den Verdacht entstehen, dass mit dem Vertrag etwas nicht in Ordnung sein könnte. Jetzt ist es wichtig, sich nicht von Emotionen leiten zu lassen, sondern kühl alle Fakten zu bewerten.

Wer zuerst wegschaut, hat verloren – das gilt auch in der Manege. Wer dem Blick nicht standhält, geht dem Konflikt aus dem Weg. Fürs Erste jedenfalls. Denn wenn es ein grundsätzlicher Konflikt ist, wird er irgendwann doch ausgetragen werden müssen.

Konflikte gehören zum Leben

Menschen brauchen Konflikte, um zu reifen. Das kann aber nur dann funktionieren, wenn wir den Konflikt als Chance begreifen, etwas zu verbessern. Wir Menschen müssen lernen, Missverständnisse von tatsächlichen Problemen zu trennen, wir müssen kleine Verletzungen der Eitelkeit von schwerwiegenden Beleidigungen unterscheiden. Und wir sollten die Fähigkeit entwickeln, angemessen mit den kleinen und großen Konflikten des Lebens umzugehen. Bereits die Kleinsten kennen Konflikte, etwa im Kampf um die Schaufel im Sandkasten. Konflikte zu lösen und dabei weder sich selbst aufzugeben noch den anderen zu überrollen sollten wir daher schon in der Kindheit lernen. Gar keinen Gefallen tut man sich, wenn man versucht, jedem Konflikt aus dem Weg zu gehen. Es gibt konfliktscheue Erwachsene, die für eine falsche Harmonie viel mehr einstecken, als sie müssten, nur aus Angst vor Streit.

Konflikte bestimmen unser Leben, denkt man nur an die alltäglichen kleinen Streitigkeiten mit seinen Arbeitskollegen, dem Ehegatten oder den Kindern. Kunden beschweren sich am Telefon. Vorgesetzte kritisieren ihre Untergebenen – für Fehler, die diese nicht zu verantworten haben. Lehrer behandeln die Schüler ungerecht. Dann kommt es fast immer zu einem Streitgespräch. Und genau das wird dann zum Problem. Fühlen wir uns angegriffen, können wir nicht mehr klar denken, sondern sind nur noch Marionetten unseres limbischen Systems. Das macht uns oft unfähig, mit Konflikten rational umzugehen.

So geht ein Dompteur mit Konflikten um

Im Konfliktfall warte ich ab, bis sich das limbische System wieder beruhigt hat und das Großhirn wieder arbeitet. Bei Raubtieren heißt das, schnellstens wieder eine ungefährliche Distanz herzustellen, in der es nicht nur Kampf oder Flucht heißt. Bei Menschen muss der, der sich angegriffen fühlt, die Chance haben, sich wieder zu beruhigen – erst dann kann man wieder miteinander reden, ohne den Konflikt noch weiter anzuheizen.

In der Manege ist es wichtig, dass man den Auslöser des Konflikts erkennt und ihn künftig vermeidet.

Es kann aber auch sein, dass gerade dieser Auslöser zum Training gehört. So kann dieser für das Tier eine neue Erfahrung sein, die es eigentlich lieber nicht machen will. Also muss der Dompteur immer neue Ideen entwickeln, um dem Tier die Angst scheibchenweise zu nehmen und es zu motivieren, ein neues Verhalten an den Tag zu legen. Immer wieder dasselbe zu fordern ist dabei kein Erfolg versprechender Weg.

Dompteure nehmen das Tier als Partner mit seiner Abwehr ernst, geben ihm Zeit, sich zu beruhigen, und reden ihm gut zu. Übertragen auf Konflikte unter Menschen würde das bedeuten: Beide Parteien vereinbaren, dass sie sich gegenseitig ausreden lassen, und jeder versucht, die Sichtweise des anderen zu verstehen.

Dompteure versuchen immer herauszufinden, was bei dem Tier der tiefere Grund des Konflikts war, um diesen dann abzustellen. Übertragen auf Konflikte unter Menschen gilt es ebenso herauszufinden, was der eigentliche Streitpunkt ist, und sich gemeinsam eine Lösung zu überlegen – die beide Parteien akzeptieren können.

Meine Erkenntnis für die Manege: Das Tier und das Problem müssen immer getrennt voneinander behandelt werden. Meine Erkenntnis für unseren Alltag: Menschen und Probleme müssen ebenfalls getrennt voneinander behandelt werden.

Die Devise des Dompteurs

Das Geheimnis des Dompteurs ist gleichzeitig das Geheimnis einer gelungenen Zirkusvorstellung: Er nimmt seine Arbeit, die Mitwirkenden und das Publikum ernst – und sich selbst auch.

Geben Sie immer Ihr Bestes. Falls Sie Ihr Bestes nicht gegeben haben, forschen Sie nach, woran es gelegen hat. Lernen Sie aus diesen Erkenntnissen und üben Sie so lange, bis Sie Ihr Bestes geben können. Für mich als Dompteur gilt immer die Devise: Womit ich selbst nicht zufrieden bin, das bekommt auch das Publikum nicht zu sehen.

Die goldenen Dompteurregeln

→ **Regel Nr. 1:** Ein guter Dompteur präsentiert das Tier – nicht sich selbst.

→ **Regel Nr. 2:** Die erste Aufgabe eines Dompteurs ist es, seine Tiere zu schützen.

→ **Regel Nr. 3:** Wie sag ich's meinem Tier? Ich mache es ihm vor.

→ **Regel Nr. 4:** Ein guter Tierlehrer verführt zum richtigen Verhalten.

→ **Regel Nr. 5:** Im Lauf der Ausbildung muss ein Zusammengehörigkeitsgefühl der Tiere erwachsen.

→ **Regel Nr. 6:** Ein guter Dompteur vereint perfektes Timing mit eleganter Choreografie.

→ **Regel Nr. 7:** Jeder muss dasselbe Ziel vor Augen haben und voll motiviert sein.

→ **Regel Nr. 8:** Keiner darf die Gruppenharmonie stören, denn eine gelungene Dressur ist nur in einer entspannten Atmosphäre möglich.

→ **Regel Nr. 9:** Der gute Dompteur wird immer die subtilen Spannungen in seiner Tiergruppe beobachten.

→ **Regel Nr. 10:** Zwischen dem Dompteur und seinen Tieren ist für Gleichberechtigung kein Platz – aber für Achtung.

→ **Regel Nr. 11:** Ein guter Dompteur braucht Respekt und Autorität, Mut und Begeisterung.

→ **Regel Nr. 12:** Es gibt keine schlechten Dompteure – die sind alle auf dem Friedhof.

→ **Regel Nr. 13:** Der Schweizer Tierpsychologe und Zoodirektor Heini Hediger fasste seine Vorstellung vom Wesen der Dressur einmal so zusammen: »Ein guter Dompteur ist der große Katalysator der Tierseele.«

Botschaften & Signale

Wie Tiere sprechen

Nach der Vorstellung kommen immer wieder Menschen zu mir, die mich fragen:»Wie reden Sie eigentlich mit den Löwen?« Mir fällt oft nichts anderes ein, als zu antworten: »Ach, da redet jeder in seiner Sprache. Trotzdem verstehen wir uns ganz gut.« Es wäre ja auch etwas seltsam, wenn ich einem Löwen etwas zurufe und er mir freundlich auf Hochdeutsch antworten würde.

Aber wie redet man mit Raubtieren? Mit den Tieren spreche ich im Grunde eine Art Babysprache, denn es kommt auf den Tonfall an. Der muss je nach Situation beruhigend, antreibend, aufmunternd und lobend wirken. Das Vokabular, das meine Großkatzen verstehen, beschränkt sich auf bestimmte Kommandos und ist ein Mischmasch aus Englisch, Französisch und natürlich auch Deutsch – es kommt ganz darauf an, wie weich oder streng das Kommando rüberkommen soll. Die Tiere selbst sprechen untereinander, aber auch mit mir, als ihrem Dompteur, mittels Stimmlauten. Begrüßungen erfolgen mit einem quäkenden Laut, gerufen wird mit Brüllen, und Unsicherheit oder gar Angst werden begleitet von Fauchen. Letzteres hört man vornehmlich, wenn die Tiere untereinander kämpfen und besonders gereizt sind.

Großkatzen wie Löwen sprechen mit ihrem Körper. Wie der Mensch und auch der Hund bringen sie ihre Gefühle aber auch durch unterschiedliche Mimik zum Ausdruck. Menschen lachen, wenn sie glücklich sind, und sogar Hunde setzen manchmal ein glückliches Gesicht auf. Der frohe Gesichtausdruck der Löwen besteht aus einem offenen Maul, heraushängender Zunge und nach vorn gerichteten Ohren. Weitere Gemütszustände, die ein

Löwe durch Körpersprache ausdrücken kann, sind Misstrauen, Drohung, Unsicherheit und Unterwürfigkeit.

Drohgebärden unterscheiden sich erheblich von freundlichen Gesten. Viele Tiere rümpfen die Nase, öffnen das Maul, blecken die Zähne und richten die Ohren voll auf – unterstrichen wird die Drohung durch Knurren und Fauchen. Der bedrohte Löwe dagegen setzt ein ganz anderes Gesicht auf. Sein Maul bleibt geschlossen, er legt die Ohren an und faucht leise.

Löwen sprechen auch durch bestimmte Körperhaltungen und Schwanzstellungen. Ein drohender Löwe etwa knurrt nicht nur und bleckt seine Zähne. Er versteift auch seine Schultern, legt die Ohren an, peitscht mit seinem Schwanz und plustert sich regelrecht auf, um größer zu wirken. Umgekehrt verzieht der bedrohte Löwe sein Maul zu einer Art defensivem Grinsen, duckt sich, zieht seinen Schwanz ein und kauert sich auf den Boden, um kleiner zu erscheinen. Im Kampf mit anderen Löwen legt er sich auf den Rücken und ergibt sich, wenn er spürt, dass er der Unterlegene ist.

Man könnte meinen, dass solche Kraftpakete wie Raubtiere überhaupt keine Angst haben können. Das ist falsch. Natürlich kennen Leoparden, Bären oder Löwen Furcht, sogar Tiger, die – außer dem Menschen – keine natürlichen Feinde haben, können Angst empfinden. Obwohl ich weiß, dass es problematisch ist, den Katalog menschlicher Emotionen auf Tiere zu übertragen, wage ich den Vergleich. Wenn ein Tiger »Angst hat«, zeigt er eher eine vorsichtige Scheu vor Unbekanntem. Trotzdem spricht sein Körper eine klare Sprache: Er kauert sich zusammen, so wie ein Mensch in Panik, der sich duckt, den Hals einzieht und sich kleiner macht. Der Tiger tut das jedoch, weil er sich angesichts einer möglichen Gefahr in die beste Position bringen will. Großkatzen kauern sich konzentriert zusammen, weil ihr gesamter Organismus in dieser Stellung sprungbereit ist. Sie können so entweder schneller flüchten oder besser angreifen.

»Bei Raubtieren ist es wie bei Menschen: Bei Angst und Verunsicherung machen wir uns kleiner.«

Bei Katzen – vom Tiger bis zur Hauskatze – findet man grundsätzlich eine ähnliche Körpersprache. Tiger und Löwen spielen genauso gern wie Miezen. Nur sollte man bei den Großkatzen vorsichtiger sein. Ich habe immer gern mit gut aufgelegten Raubkatzen gespielt, die mit ihren Pfoten fechten können wie Florettmeister, aber stets genau darauf geachtet, dass es ein Spiel bleibt. Wie bei einer Kissenschlacht mit übermütigen Kindern kann auch beim Spiel mit Löwen und Tigern eine Grenze überschritten werden. Dann führt das kontrollierte Spiel zu wildem Chaos. Ich habe zwar nie Angst, von meinen Tieren gefressen zu werden – denn ein Dompteur ist nun mal kein Futter –, aber ich weiß auch, dass ich in großer Gefahr bin, wenn das Spiel ausartet.

Deshalb muss man Tiere »lesen« können, denn eine gefährliche Situation vermeidet man am besten, indem man der Grenze zwischen Spiel und Ernst nicht zu nahe kommt.

Ein aufmerksamer Tiger zum Beispiel ist keine Gefahr. Er steht gerade mit aufgerichtetem Kopf, hält das Kinn hoch und lässt seine Blicke hin und her wandern. Dazu bewegt sich der Schwanz in ganzer Länge weich und elegant. Bleibt der Schwanz steif, und nur das Schwanzende bewegt sich, sollte man schon eher auf der Hut sein. Das bedeutet, dass das Tier etwas entdeckt hat, dem es sich nähern will und das untersucht werden sollte. Es heißt nicht, dass nun höchste Gefahr droht – aber der Dompteur sollte auf der Hut sein.

Wie jedes Tier verfügt natürlich auch der Bär über eine ganz spezifische Körpersprache. Landläufig existiert die Meinung, Bären hätten völlig ausdruckslose Gesichter und würden ohne Vorwarnung angreifen. Das stimmt so jedoch nicht. Bären sind grundsätzlich friedlich und wollen mit Menschen nichts zu tun haben. Sie betrachten uns Menschen nicht als Feinde und nicht als Beute. Sie sehen uns höchstens als Störenfriede an. Bären können allerdings verunsichert werden, wenn sie sich in einer neuen Umgebung befinden oder plötzlich auf Menschen treffen. Obwohl im Sommer 2006 der so genannte Problembär Bruno in Deutschland und Österreich umhergewandert ist – die Wahrscheinlichkeit, beim Waldspaziergang einem Bären gegenüberzustehen, ist verschwindend gering. Wer dennoch einen antrifft, sollte stehen bleiben, sich langsam zurückziehen und weggehen. Nie jedoch sollten Sie schreien, versuchen, auf den Bären einzuschlagen, ihm Steine an den Kopf zu werfen oder wegzurennen. Wenn Sie ruhig bleiben und sich nicht überstürzt entfernen, wird der Bär froh sein. Niemals wird er einem Menschen hinterherlaufen.

Sich verstehen heißt sich verständigen können

Tiere kommen mit relativ einfachen Signalen zurecht. Sie sind allerdings auch nicht auf eine so komplexe Kommunikation angewiesen wie wir Menschen. Für Tiere gilt: Ihre Kommunikation dient dem Kampf ums Überleben. Je effektiver und eindeutiger die Signale sind, desto größer die Chancen, die eigene Art zu erhalten. Wir Menschen brauchen dazu Wörter. Ohne zu sprechen und zuzuhören, zu schreiben und zu lesen wären die meisten von uns im Alltag verloren. Mit der Entwicklung von immer komplizierteren Signalen und Botschaften haben unsere Vorfahren schließlich den Grundstein für die menschliche Zivilisation gelegt.

»Tiere haben nur drei große Lebensthemen: Überleben, Nahrung und Fortpflanzung. Sie brauchen keine Sprache für Smalltalk, sie klatschen, plaudern und philosophieren nicht.«

Eine Sprache zu beherrschen ist etwas Wunderbares. Schrecklich jedoch ist es, wenn einem keiner zuhört. Redner brauchen Zuhörer, interessierte Partner, mit denen sie in einen Dialog treten können. Was jedoch »richtig zuhören« bedeutet, hängt sehr vom Einzelnen ab. Man kann zuhören wie ein Tiger oder wie ein Bär – um im Bild der Raubtiere in der Manege zu bleiben.

Über Menschen, die zuhören wie Tiere

Mit der Zeit entwickelt ein Dompteur einen Blick für andere Menschen, der von seinen Erlebnissen in der Manege geprägt ist. Ich habe in meinem Leben mehr Zeit mit Tieren als mit Menschen verbracht, und ich habe meine Tiger und Löwen wahrscheinlich aufmerksamer beobachtet als meine Angestellten. Da passiert es eben, dass man in einem stets vergnügten und zappeligen Zeltmeister einen »Bären« sieht und einen einzelgängerischen Jongleur als »Tiger« betrachtet. Seltsamerweise reagieren die Menschen, die ich eher unbewusst in solche Tierkategorien einteile, auch häufig so, wie das entsprechende Tier es täte. Das fällt mir vor allem auf, wenn ich mich mit Menschen unterhalte. Da macht es einen großen Unterschied, ob mir ein »Tiger« oder ein »Bär« zuhört.

Der menschliche Tiger zum Beispiel kann überhaupt nicht zuhören. Er tut nur so und wartet in Wirklichkeit gierig auf seinen eigenen Einsatz. Wie alle Menschen hat er gelernt, dass man erst zuhören muss, bevor man selbst etwas sagen darf. Also tut er so als ob. Typisch für dieses Tiger-Zuhören sind häufiges Kopfnicken und Begleitgeräusche wie »ah ja… verstehe… hm… jaja…«. Menschliche Tiger haben gelernt, dass sie schneller zu Wort kommen, wenn sie andere glauben machen, sie hörten zu und verstünden sie. Wer sich gegen einen Pseudozuhörer zur Wehr setzen will, wer vermeiden will, dass man aneinander vorbeiredet, muss nur mitten im Satz fragen: »Sagen Sie mir doch, was dagegensprechen könnte!« Oder bitten Sie den »Tiger«, das eben Gesagte noch einmal zusammenzufassen. Es wird ihm nichts einfallen. Im besten Fall wird es ihm peinlich sein, und er wird sich für kurze Zeit auf das Gespräch konzentrieren. Im schlechtesten Fall wird er schweigend und beleidigt sitzen bleiben.

Aber auch wenn der Zuhörer schweigt, so wie das ein Bär-Zuhörer täte, heißt das nicht, dass er wirklich zuhören würde. Menschliche Bären sind stille Nicker, aber in ihren Augen erkennt man meist gähnende Langeweile. Sie lassen die Worte des Sprechenden durch sich hindurchschweben und warten nur darauf, dass er aufhört zu reden. Aber nicht, weil sie dann selbst etwas sagen wollen, sondern weil sie sich dann endlich verabschieden können.

»Löwen« hören zu und schauen dem Gesprächspartner dabei in die Augen. Das ist ein Zeichen für konzentrierte Aufmerksamkeit. Bei solchen Zuhörern kann man davon ausgehen, dass nicht nur Worte, sondern auch Botschaften sie erreichen. Menschliche Löwen sind gute Zuhörer. Ob man einem solchen gegenübersitzt, erkennt man daran, dass er das Gehörte mit eigenen Worten wiedergibt und gezielt nachfragt. »Löwen« bemühen sich, ihren Gesprächspartner wirklich zu verstehen, wahrscheinlich weil sie Missverständnisse so unangenehm finden.

»›Bären‹ tun nur so, als ob sie zuhörten, ›Tiger‹ wollen nicht hören, ›Löwen‹ lauschen, und ›Leoparden‹ fressen jedes einzelne Wort.«

Aber es geht noch besser. Für mich ist der Leopard das Sinnbild des perfekten Zuhörers – immer hellwach und körperlich wie geistig sehr beweglich. Menschliche Leoparden hören aktiv zu. Das heißt, sie können nicht nur den Inhalt des Gesagten wiedergeben, sondern sie verstehen auch, was damit gemeint ist. Menschliche Leoparden nehmen die Gefühle und Probleme ihres Gesprächspartners wahr und akzeptieren sie, auch wenn sie von ihrer eigenen Meinung oder Empfindung stark abweichen.

Die Sprache, in der man nicht lügen kann

Bei Tieren funktioniert die Kommunikation über Sprache nicht. Also muss der Dompteur die »zweite Sprachebene« sehr gut verstehen und selbst perfekt beherrschen. Damit meine ich die tierische Körpersprache, die allerdings von der menschlichen deutlich abweicht. Um sie zu beherrschen, braucht man Geduld, ein Gespür und eine große Neugierde für die Tiere.

Grundsätzlich muss man wissen, welche Signale welches Tier überhaupt in seinem Repertoire hat. Löwen verfügen über eine andere Körpersprache als Leoparden, Bären über eine andere als Elefanten. Besitzer von Haustieren kennen das: Wenn sich ein Hund auf den Rücken rollt und seinen Bauch darbietet, bedeutet das: »Ich unterwerfe mich, tu mir nichts.« Eine Katze, die dasselbe tut, signalisiert jedoch: »Ich fühle mich sicher, du kannst mich anfassen.« Wenn der Hund die Ohren anlegt, will er seine guten Absichten zeigen und sich unterwerfen, die Katze dagegen warnt so jeden, der sich ihr nähert. Und wenn die Katze den Schwanz schnell bewegt, deutet das auf konzentrierte Anspannung hin, beim Hund dagegen auf entspannte Freude.

»**Ein Dompteur muss ein guter Beobachter sein.**
Er muss die Tiere so lange studieren, bis er ihre
individuelle Körpersprache ›lesen‹ kann.«

Beim Erlernen der tierischen Körpersprache muss ich mich als Dompteur in die Reaktions- und Verhaltensweisen der Tiere hineinversetzen und die Botschaften vor den Botschaften erkennen. Jede Reaktion hat nämlich einen Vorboten. Ohne diese Warnungen wäre ein Dompteur schnell verloren. Er muss wissen, dass ein Braunbär, wenn er plötzlich stehen bleibt, starr die Schnauze nach oben richtet und zu schnuppern scheint, als Nächstes herumfahren und einen vermeintlichen Feind in seinem Rücken attackieren wird.

Die Signale vor den Aktionen sind es, die der Dompteur zu lesen in der Lage sein muss – und damit schließt sich der Kreis wieder. Auch die menschliche Körpersprache verfügt über diese Vorboten, die wir deuten können und verstehen müssen, um mit anderen gut umgehen, Aggressionen im Vorfeld erkennen und gefährliche Situationen entschärfen zu können.

Wenn ich bei der Abendvorstellung am Eingang die Zuschauer begrüße, sehe ich mögliche Störenfriede auf den ersten Blick. Das hat weniger mit typischer Kleidung oder dem Geruch nach Alkohol zu tun als mit kleinen Hinweisen in ihrer Körpersprache. Eine typische Randalegruppe – ich nenne sie insgeheim »Hyänen« – besteht aus drei bis fünf männlichen Jugendlichen, die eng zusammenstehen und mir nicht in die Augen schauen wollen. Bevor sie sich durch den Eingang an mir vorbeidrücken können, gebe ich dem Ersten die Hand, schaue ihm in die Augen und würsche ihm mit seinen Freunden einen schönen Abend. Ich schüttle ihm die Hand und lasse sie nicht gleich wieder los. Im Lauf der Jahre habe ich mir einen ziemlich festen Händedruck zugelegt, der schon richtig verstanden wird. Die Jungs sind gewarnt, und sie werden sich die nächsten zwei Stunden anständig benehmen. Menschliche Hyänen sind feige, und wenn man ihnen in die Augen sieht und ihnen signalisiert, dass es Ärger geben könnte, werden sie ganz schnell zahm. Viele glauben, es sei unabwendbar, wenn sie lesen, dass wieder einmal ein Mensch Opfer einer Schlägerbande geworden ist. Dabei muss keiner ein Dompteur sein, ein Held oder ein ausgebildeter Einzelkämpfer, um so etwas zu unterbinden – und natürlich darf man auch Angst haben. Aber um Schlimmeres zu verhindern, reicht es oft schon, wenn niemand wegschaut. Schlägerbanden sind Ansammlungen von Feiglingen, die nur dann mutig werden, wenn sie merken, dass die anderen noch feiger sind. Deshalb: Sehen Sie hin und sagen Sie deutlich, was Ihnen nicht passt. Denken Sie daran, dass es nichts nützt, einen Gegner wie nebenher anzusprechen. Er muss Ihre ernste Absicht spüren. Wenn Sie jemanden zurechtweisen, müssen Sie ihn dabei ansehen, sonst haben Ihre Worte den gegenteiligen Effekt. »Hyänen« riechen Angst förmlich – und wer ihnen nicht in die Augen sieht, gibt sich als leichtes Opfer zu erkennen.

Die Darbietung ist wichtiger als der Inhalt

Die meisten Menschen unterschätzen die Bedeutung von Körpersprache und Stimmqualität. Schauspieler dagegen wissen genau, dass sie weniger durch den Text, sondern hauptsächlich durch ihre Stimme und ihre Körpersprache wirken. Inzwischen werden nicht nur Bühnendarsteller intensiv in Stimmmodulation und Körpersprache trainiert, sondern auch Politiker und Manager. Jeder gute Schauspieler muss in der Lage sein, auf mindestens ein Dutzend verschiedene Arten »Ich liebe Dich« zu sagen. Und auch Politiker sind gut beraten, wenn Sie das mit dem Satz »Ich habe davon nichts gewusst« fertigbringen. Konzernchefs hat man den Satz »Es wird keinen Stellenabbau geben« schon in sämtlichen Tonarten sagen hören.

Kommunikationsforscher und Psychologen sind sich einig, dass Botschaften nur zu einem kleinen Teil vom gesprochenen Wort übermittelt werden. Den Löwenanteil transportieren Körpersprache und Mimik, und das geschieht meist auch noch unbewusst. Mit anderen Worten: Unsere Körpersprache beeinflusst die Aufnahme der von uns gesprochenen Botschaft in erheblichem Maß. Wir benutzen also immer noch dieselbe Sprachebene wie alle anderen Säugetiere.

Der geheime Code

Der Unterschied zwischen Körpersprache und Sprache ist, dass wir zwar jederzeit aufhören können zu reden, doch die Signale des Körpers nie ganz zum Schweigen bringen kön-

nen. Der österreichische Psychologe und Kommunikationsforscher Paul Watzlawick hat es so formuliert: »Wir können
nicht nicht kommunizieren.«

Den geheimen Code brauchen Personalchefs ebenso wie
Staubsaugervertreter, Manager, Zocker und natürlich auch
Dompteure, um die Körpersprache zu dechiffrieren. Gerade
arabischen und chinesischen Händlern (den ungekrönten
Königen unter den Kaufleuten) sagt man gern nach, dass
sie ihre Kunden »lesen« können. Wissenschaftler, die untersuchten, wie sie das anstellen, konnten wenigstens ein Puzz-
leteilchen entdecken: An der Größe der Pupillen erkennen
die Händler sofort, wie interessiert der Kunde tatsächlich
ist – dementsprechend wird der Preis festgelegt. Je größer die
Pupille, umso größer ist das Interesse. Doch dieses Wissen
hat viel mit Instinkt und Intuition zu tun, es wird nicht ge-
lehrt, sondern von einem Vorbild übernommen. Wie Dompteure ihre Kenntnisse über die Beobachtung ihrer Raubtiere
erlangen, so beobachtet der Sohn eines Händlers in einem
Basar, was vor sich geht. Auf diese Weise lernt er die Erscheinung und die Ausstrahlung der verschiedenen Kunden zu
unterscheiden und erwirbt mit der Zeit eine präzise Men-
schenkenntnis. Er könnte dieses Wissen niemals erklären,
etwa im Sinne der Pupillenvergrößerung, aber er besitzt es.
Sicher und jederzeit abrufbar.

Nur die authentische Körpersprache ist überzeugend

Spätestens seit bekannt ist, dass die Darstellung oft wichtiger ist als der Inhalt, boomt der Markt mit Schulungen in

Rhetorik und Körpersprache. Ein Anbieter wirbt beispielsweise damit, dass alle Teilnehmer nach dem Training »gut aussehen und überzeugend rüberkommen«. Einige Medientrainer behaupten sogar: »Wer sich heute noch untrainiert vor eine Fernsehkamera begibt, handelt grob fahrlässig.«

Den Einsatz der Körpersprache kann man bis zu einem gewissen Grad tatsächlich erlernen, und das äußere Erscheinungsbild lässt sich aufpolieren – doch hat man damit unbedingt an Profil und Persönlichkeit gewonnen?

Viel besser als »gefälschte« oder antrainierte Signale zu senden, ist es, die nonverbalen Signale der anderen erkennen und richtig einordnen zu können. Grundsätzlich muss eine Übereinstimmung zwischen der Person, ihrer Erscheinung und ihrem Verhalten herrschen. Hier versagen die meisten, die sich ständig kontrollieren müssen.

Als ein klassisches Beispiel für die nicht vorhandene Übereinstimmung zwischen Körpersprache, Ton, Gestik und Inhalt gilt die Antrittsrede von Gerald Ford, als er nach der Watergate-Affäre Präsident der Vereinigten Staaten geworden war. Da er kein guter Redner war – seine Gestik und seine Mimik waren wenig ausgeprägt –, wurde er intensiv auf die Fernsehaufzeichnung vorbereitet. Während die Kamera lief, tat er dann sein Bestes: Er führte eindrucksvolle Gesten und tatkräftige Bewegungen vor, suchte den direkten Blick in die Kamera, der seine Aufrichtigkeit unterstreichen sollte – und scheiterte grandios. Seine Ansprache misslang: mangels Talent und weil er zu viel des Guten getan hatte. Die genaue Analyse seiner Rede ergab: 38 Prozent der Zuschauer fanden die Rede gut, 29 Prozent lehnten sie ab, aber 33 Prozent hatten nur auf seine Hände geachtet und nicht mehr mitbekommen, was er eigentlich gesagt hatte.

Heute kann man davon ausgehen, dass alle Menschen, die im Rampenlicht stehen und ständig in den Medien präsent sind, ein mehr oder weniger ausführliches Körpersprachetraining hinter sich haben – Politiker, Sportler, Künstler, Autoren. Schauspieler sowieso. Wem kann man also noch glauben?

Der Dompteur mit dem »Heiligenschein«

Wir alle lassen uns von Äußerlichkeiten beeindrucken, obwohl es doch eigentlich auf den Inhalt ankommen sollte. Ein typisches Beispiel dafür ist das Erscheinungsbild der Sprecherin der Fernsehnachrichten. Wirkt sie attraktiv und sympathisch, billigen wir ihr automatisch auch eine hohe Kompetenz zu, halten sie für intelligent und engagiert. Dabei haben wir doch nur wenige Informationen: Sie ist sauber und adrett angezogen, schaut freundlich in die Kamera und liest fehlerfrei vom Teleprompter ab. Daraus abzuleiten, jemand sei intelligent und kompetent, ist doch sehr verwegen. Doch der sympathische Eindruck überstrahlt alles. Der »Heiligenschein-Effekt« beschreibt das Überstrahlen aller Fertigkeiten durch ein Merkmal. So wird eine Person, die besonders attraktiv ist oder die sich auf einem bestimmten Gebiet positiv hervorgetan hat, grundsätzlich positiver eingeschätzt als eine andere Person mit den ansonsten gleichen Fähigkeiten und Verhaltensweisen.

Bei einem negativen ersten Eindruck stellt sich jedoch schnell der gegenteilige Effekt ein: Aus dem »Heiligenschein« werden »Teufelshörner«. Sitzt etwa die Krawatte des Nachrichtensprechers schief, kann er so fehlerfrei vorlesen, wie er will – man wird ihm deutlich weniger Kompetenz und Intelligenz zusprechen. Wer diese Effekte kennt und sich ihrer Wirkung bei der Beurteilung von Menschen bewusst ist, erspart sich böse Fehleinschätzungen.

Ein Dompteur muss einen solchen »Heiligenschein« haben. Wenn man bestimmten Menschen nicht trauen kann, kann man niemandem trauen. Schließlich legen wir unser Leben und unsere Gesundheit in die Hände von Profis, die damit sorgsam umgehen sollten. Chirurgen, Piloten und Raubtierdompteuren muss man einfach glauben, dass sie kompetent sind und jede Situation im Griff haben. Meine Zuschauer wissen zwar – das hoffe ich jedenfalls –, dass meine Löwen und Tiger nicht ausbrechen und sie anfallen können, aber das reicht trotzdem noch nicht. Ich muss meinem Publikum das Gefühl geben, dass es sich auf mich verlassen kann und dass ich es beschützen werde.

Blicke, die unter die Haut gehen

Nur der Laie glaubt im Zusammenhang mit Raubtieren an den »Tigerblick«, der das Opfer lähmt. Ein Dompteur hat seine Raubtiere immer im Auge, aber er wird sie nie anstarren. So wie ein guter Lehrer auch der Klasse den Rücken zuwenden kann, ohne dass die Disziplin leidet, muss ein guter Dompteur seinen Tieren ständig das Gefühl vermitteln, er hätte sie im Auge. Ja, Dompteure müssen tatsächlich am Hinterkopf Augen haben! Doch wie soll das gehen?

Meine Tiere glauben das jedenfalls, und es ist ein wichtiger Teil ihrer Erziehung, dass sie das glauben – meine Lebensversicherung sozusagen. Wenn die jungen Löwen nämlich ihre Plätze in der Manege eingenommen haben und ich anfange, mit ihnen zu arbeiten, wacht draußen ein hilfreicher Assistent über mich. Ich drehe absichtlich jedem Tier einmal den Rücken zu, und wenn eines sich dann tatsächlich von hinten an mich anschleichen sollte, schnalzt der Assistent leise mit der Zunge, ich fahre herum – und der kleine Löwe steht ganz baff vor mir. Er fühlt sich ertappt und glaubt mit der Zeit, dass dieses seltsame Menschenwesen sogar das sieht, was hinter seinem Rücken vor sich geht. Wenn der Löwe ausgewachsen ist und über eine eindrucksvolle Bewaffnung verfügt, muss er sich gemerkt haben, dass er sich niemals an mich anschleichen kann. Ein Blick kann scheinbar tatsächlich einiges ausrichten. In Wirklichkeit ist es allerdings das »Erwischtwerden«, das sich bei den Tieren einprägt. Deshalb muss diese Prägung gründlich erfolgen. Das Tier muss wissen, dass es auf jeden Fall erwischt wird, ob ich ihm nun zugewandt bin oder nicht.

Wer wegschaut, hat schon verloren. Das wissen Pokerspieler genauso gut wie Boxer, Manager wie Dompteure.

Außerdem darf ein Dompteur auch niemals Folgendes tun: die Augen zumachen, wenn jeder normale Mensch sie schließen würde. Das verbindet Dompteure mit den Boxern. Boxer trainieren oft jahrelang, bis sie es schaffen, die Augen immer offen zu halten – auch wenn gerade eine Faust mitten auf ihr Gesicht zugeflogen kommt. Denn im Moment der größten Gefahr hinzusehen ist sehr wichtig. In der Manege muss ich ständig beide Augen weit geöffnet haben. Und wenn einmal ein dreister Tiger auf mich losgeht, darf ich sie keine Zehntelsekunde lang schließen. Auch wenn einem die Knie schlottern: Jetzt zählt nur eines – Selbstbewusstsein zu demonstrieren. Immer wach und sich der möglichen Gefahr bewusst zu sein ist auch außerhalb der Manege eine Erfolgsregel. Wenn man sich angewöhnt, bei kleinen Konflikten oder Problemchen nicht so genau hinzusehen oder gar wegzuschauen, kann aus einer Lappalie ganz schnell ein dickes Problem werden.

Blicken das Bedrohliche nehmen

Fremden kann man nicht nur körperlich zu nahe kommen, auch ein Blick kann manchmal unpassende und geradezu unerträgliche Nähe schaffen. Jeder kennt das unangenehme Gefühl, mit anderen im Aufzug zu fahren, die »nicht richtig schauen«. In engen Noträumen ist die erlaubte Blickdauer sehr kurz. Ein Überbleibsel aus der menschlichen Frühzeit, in der die Jäger und Sammler jederzeit auf dem Sprung sein mussten. Flucht ist im fahrenden Aufzug ausgeschlossen – also lässt man lieber keine schlechte Stimmung aufkommen. Aber wenn sich ein Mann und eine Frau länger als hier vorgesehen (schon eine Sekunde kann zu lange sein) anschauen, kann das Verlegenheit provozieren. Wenn sich zwei Männer so lange fixieren, wirkt das bedrohlich. Also hat man sich wortlos darauf geeinigt, auf den Boden oder auf die Leuchtanzeige des Fahrstuhls zu sehen.

Um in der Enge eines Fahrstuhls die Unsicherheit abzubauen, sollte man in den Aufzug mit einem freundlichen Gruß eintreten. Ich betrete den Manegenkäfig auch nicht wortlos. Die Tiere werden einzeln von mir begrüßt, mit ihren Namen angesprochen und ermuntert, ihre Plätze einzunehmen. Die Kommunikation läuft die ganze Zeit weiter, und ich behalte dabei jedes Tier im Auge. Das heißt nicht, dass ich es dauernd anstarre. Die Gemütsverfassung meiner Großkatzen erkenne ich schon, wenn sie die Manege betreten. Ich muss wissen, in welcher Stimmung ich sie antreffe, um mich darauf einstellen zu können.

Mit Blicken arbeiten

Im Beruf gehört der Augenkontakt zu den wichtigsten Umgangsformen. Man kann mit den richtigen Blicken ebenso erfolgreich verhandeln wie mit den falschen ein Gespräch verderben.

Die Regeln hängen von der Anzahl der Gesprächspartner ab. Spricht man etwa vor einem großen Auditorium, kann (und sollte) man jeden Zuhörer so lange anschauen, wie man möchte. Man sollte diese »Bezugspersonen« aber mit der Zeit wechseln, sodass schließlich der Eindruck entsteht, der Redner würde tatsächlich zu jedem einzelnen Zuhörer sprechen.

Das Ansehen einer Person entspricht wortwörtlich der Häufigkeit und Intensität, mit der sie ›angesehen‹ wird. So genießt die Person das meiste Ansehen, auf der am häufigsten alle Blicke ruhen.

Sitzen Sie in einer kleinen Gruppe zusammen, dann halten Sie gewöhnlich Blickkontakt mit dem, der gerade spricht. Es gibt Vorgesetzte, die ihre Mitarbeiter während deren Ausführungen (vor allem, wenn sie nicht mit ihnen übereinstimmen) nicht ansehen. Eine solche Verweigerungshaltung drückt Arroganz aus und ist nicht nur dumm, sondern verhindert auch produktive Lösungen. Menschen, die Gegenpositionen so deutlich mit ihrer Körpersprache ablehnen, zeigen damit, dass sie keine kreative Auseinandersetzung suchen, sondern nur ihren Standpunkt durchsetzen wollen. Ein verheerender Ansatz, vor allem, wenn Teamwork gefordert ist.

Wenn Sie selbst gerade sprechen, sollten Sie die Personen anschauen, von denen Sie annehmen, dass sie Ihre Vorstellungen (noch) nicht teilen. Wer hauptsächlich Blickkontakt mit der eigenen Fraktion sucht, wirkt unsicher und signalisiert, dass er an einer Diskussion nicht interessiert ist.

Wenn Sie nur mit einer Person sprechen, genügt es nicht, allein Blickkontakt zu halten. Wer starr vor sich hinblickt, wirkt zwar nicht abwesend oder desinteressiert, lässt aber jede Unterhaltung schnell versiegen, weil er zu wenig ausdrückt. Die Worte tragen die offensichtliche Botschaft, der Blickkontakt signalisiert Aufmerksamkeit – aber das reicht nicht aus. Ohne zusätzliche Mimik und Gestik baut sich eine Mauer im Gespräch auf.

Die einfachste und erfolgreichste Geste ist das Nicken. Nicken bedeutete nämlich nicht unbedingt Zustimmung. Durch das Nicken vermitteln Sie dem anderen lediglich den Eindruck, dass Sie ihm zuhören und ihn verstehen wollen. Auch wenn Sie ganz anderer Meinung sind, dürfen Sie nicken, Sie signalisieren damit nur: »Ich nehme jedes Argument auf und folge Ihren Ausführungen.« Danach können Sie Ihre Ansichten viel leichter formulieren, denn Sie werden beim Gegenüber auf mehr Verständnis stoßen.

Wer die Blicke auf sich zieht, ist der Herr in der Manege

Blicke signalisieren nicht nur Aufmerksamkeit, sie sind auch Zeichen dafür, wer tatsächlich der Chef in der Manege ist. Ganz klar, dass ich als Dompteur am häufigsten und längsten angesehen werde. Ich fordere auch ständig mit Gesten und Rufen alle Blicke ein. Wenn die Augen meiner Tiere nicht auf mich gerichtet sind, muss ich mich auf drohende Gefahren einstellen. Wenn die Augen des Publikums von mir abschweifen, weiß ich, dass ich mich nun anstrengen muss, seine Aufmerksamkeit zurückzugewinnen.

Ich muss also beide ständig im Auge behalten. Das ist anstrengend, aber im Zirkus funktioniert es eben nicht anders. Das Publikum denkt bei fehlendem Blickkontakt, dass der Dompteur vielleicht arrogant, unsicher oder gar ängstlich ist. Und meine Tiere brauchen sowieso ständigen Blickkontakt. Meine Augen sind genauso wirkungsvoll wie meine Stimme, wie Stock und Peitsche. Inzwischen bin ich der Überzeugung, die Augen sind das Wichtigste in meinem Job.

Zirkusartisten und Schauspieler lernen, keinen bestimmten Zuschauer direkt anzusehen – und trotzdem glaubt jeder im Publikum, er würde angeschaut. Das ist auf einer Bühne schon nicht leicht, viel schwerer aber ist es in der Manege. Hier ist alles ganz anders. Das bestätigen mir Politiker und Prominente immer wieder, die ich manchmal zu mir in die Manege hole. Sie erklären, dass sie das Gefühl haben, nie »alle im Blick zu haben«, und dass sie das stark verunsichert. Frauen können mit dieser Situation übrigens meist besser umgehen als Männer. Männer haben eher einen Tunnelblick, der oft auf ein bestimmtes Ziel gerichtet ist, weniger aber auf das große Ganze. Ich habe mir diesen 360-Grad-Blick über Jahre mühsam antrainiert. Vielleicht verfügen Frauen von Natur aus über diesen Rundumblick, weil sie immer die ganze Familie im Auge behalten, weil sie ihre Kinder schützen und gleichzeitig kontrollieren müssen. Nach meiner Erfahrung jedenfalls sind Frauen eher Generalisten, Männer eher Spezialisten.

Wir alle haben die Erfahrung gemacht: Ohne Blickkontakt gibt es überhaupt keinen Kontakt. Clevere Redner verwenden diesen Blickkontakt, um eine emotionale Brücke zum

Publikum herzustellen. So kann man seine Zuhörer kontrollieren und ihre Aufmerksamkeit manövrieren: Solange sie den Blickkontakt erwidern, bleiben sie wach und aufmerksam – außerdem kann man durch den Blickkontakt Reaktionen wie Ablehnung oder Langeweile frühzeitig erkennen und entsprechend gegensteuern.

Fehlender Blickkontakt sorgt im Publikum dagegen für negative Gedanken: Lehnt der Redner uns als Zuhörer ab? Ist er arrogant, unsicher, unvorbereitet oder gar gelangweilt?

Behalten Sie deshalb immer die Zuhörer im Auge, und lassen Sie Ihre Blicke nicht abschweifen. Aber vermeiden Sie es auch, den Zuhörern direkt in die Augen zu schauen. Fixieren Sie lieber die Stirn oder die Nasenwurzel Ihres Gesprächspartners. Wenn ein Teilnehmer eine Frage stellt oder einen Diskussionsbeitrag einbringt, blicken Sie ihn während des Zuhörens und bei Ihrer Antwort an. Schauen Sie danach wieder die übrigen Zuhörer an. Jeder muss subjektiv das Gefühl haben, wichtig zu sein. Psychologische Untersuchungen zeigen: Ein freundlicher Gesichtsausdruck und häufiger Blickkontakt sind die Erfolgsrezepte für Vertrauen und Sympathie beim Publikum – bei Konferenzteilnehmern wie bei Schülern.

Über den Raum, den jedes Individuum beansprucht

»Ich will Ihnen ja nicht zu nahe treten«, sagen Menschen eigentlich immer dann, wenn sie gerade im Begriff sind, genau das zu tun. Diese Floskel ist eine deutliche Warnung, dass jetzt gleich eine Unverschämtheit, Kritik oder wenigstens eine Distanzverletzung zu erwarten ist. Die Wahrung der Distanz ist nämlich einer der wichtigsten Schutzmechanismen – bei Tieren wie bei Menschen.

Der Hintergrund dieses Abstandhaltens ist, dass wir unsere Intimzone, eine Art unsichtbare Sicherheitsblase, die jedes Individuum umgibt, brauchen, um uns sicher zu fühlen. Deshalb gilt im Kino wie im Lokal: Wir setzen uns nur neben einen Fremden, wenn es keine andere Möglichkeit gibt, und auch dann lassen wir möglichst einen Platz neben uns als zusätzliche Distanzzone frei. Im Zug belegen wir möglichst einen Fensterplatz – nicht weil wir dann besser sehen können, wie die Landschaft vorbeirast, sondern weil wir uns an der Abteilwand anlehnen und damit dem Nebenmann etwas ausweichen können. Die meisten Menschen, die von Flugangst befallen sind, leiden in Wirklichkeit mehr darunter, dass sie gezwungen sind, stundenlang ungewöhnlich nahe neben einem Fremden zu sitzen. Das moderne Leben steckt voller erzwungener Distanzverletzungen.

Die Intimzone

Über das menschliche Distanzverhalten haben die Wissenschaftler bereits eine Menge Erkenntnisse gesammelt. Die Intimzone ist von allen Zonen die sensibelste. Sie wird am energischsten verteidigt. Wer hier ungebeten eindringt, richtet großen Schaden an – bringt sich selbst aber auch in größte Gefahr.

Man bezeichnet einen Abstand von etwa 40 Zentimetern um einen Menschen als dessen Intimzone. Eintritt in diesen Bereich ist nur Personen gestattet, die zum engsten Freundes- und Familienkreis gehören. Die Intimzone beschreibt den Abstand, in dem man einen anderen riechen, küssen, streicheln, aber auch beißen, schlagen oder erwürgen kann. Natürlich besitzen auch Tiere eine entsprechende Intimzone. In diese dringen bei einem Haustier in der Regel nur Frauchen oder Herrchen ein, bei einem Wildtier niemand – und bei einem Raubtier im Zirkus nur ein guter Dompteur. Aber auch der nur mit deutlicher Vorwarnung und nicht jederzeit.

Die persönliche Distanzzone

Der nächste Abstand, der sich wie eine unsichtbare Blase um alle Lebewesen legt, ist die persönliche Zone. Sie beschreibt beim Menschen etwa einen Radius von 40 bis 100 Zentimetern, wobei die Distanz je nach Kultur unterschiedlich groß ist. Angehörige der weißen Mittelschicht in Amerika, Australien und Nordeuropa haben etwa die gleiche persönliche

Zone, während der Abstand in südeuropäischen, arabischen und afrikanischen Ländern deutlich geringer ausfällt.

Man definiert diese Zone in etwa als »gerade noch mit dem eigenen Arm erreichbar«. Menschen wahren diese Distanz bei privaten Feiern und gesellschaftlichen Anlässen, bei geschäftlichen Besprechungen und in Lokalen. Überall da jedoch, wo sie aus Platzmangel näher zusammenrücken müssen, wird es eng – in jeder Beziehung. Stress entsteht sofort, wenn man in überfüllten Zügen, in Fußgängerzonen oder bei Großveranstaltungen mit Fremden die persönliche Distanz teilen muss. Großstädter haben sich an solche für sie alltägliche Zustände gewöhnt und ein spezielles Verhalten entwickelt. Sie werden in der Masse einfach zur Nichtperson, das heißt, sie ziehen sich in sich selbst zurück, vermeiden jeden Blickkontakt, jede Berührung und schweigen. Am deutlichsten kann man solche Mechanismen in Aufzügen beobachten. Im Lift setzt jeder sofort ein ausdrucksloses Gesicht auf, starrt auf die Leuchtanzeige der Stockwerke, und die meisten vermeiden während der Fahrt sogar Gespräche mit Bekannten.

Personen, die auf dem Land aufgewachsen sind und zum ersten Mal in einer großen Stadt mit der U-Bahn fahren, haben meist den Eindruck, sich unter lauter unglücklichen, müden und verzagten Menschen zu befinden. Doch sie interpretieren die »leeren« Gesichter völlig falsch: Es sind die offiziellen Zeichen eines ungeschriebenen Vertrags zwischen allen Mitreisenden – niemand zeigt Interesse am anderen und schützt so seine persönliche Zone.

Im Berufsleben, etwa bei geschäftlichen Besprechungen,

hat sich ein Abstand von rund 60 Zentimetern zwischen den Gesprächspartnern eingebürgert. Niemand hat diese Entfernung als Regel aufgestellt, keiner von uns hat sie gelernt – und trotzdem halten wir sie alle bis auf ein paar Zentimeter genau ein.

Jeder kennt seine persönliche Distanzzone intuitiv, deshalb spüren wir auch so deutlich, wenn dieser Abstand ignoriert wird. Es gibt Vorgesetzte, die setzen Distanzverletzungen bewusst ein, um ihre Mitarbeiter zu beherrschen: indem sie sich vor ihren sitzenden Mitarbeitern aufbauen, sich auf deren Schreibtischkante setzen oder ihnen im Gespräch wortwörtlich auf den Pelz rücken. Selbst würden sie solche Distanzverletzungen niemals tolerieren. Deshalb residieren sie auch hinter einem Schreibtisch, der eine Barriere von mindestens zwei Metern zum Gegenüber garantiert.

Die gesellschaftliche und die öffentliche Distanzzone

Nach den beiden körpernahen Distanzzonen, die uns schützen, gibt es noch die gesellschaftliche Distanzzone, die sich von etwa zwei bis vier Metern um eine Person erstreckt, und schließlich die öffentliche Distanzzone. Schauspieler und Politiker müssen mit der öffentlichen Distanz spielen, denn auf der Bühne oder bei einer Wahlkampfveranstaltung sind sie so weit vom Publikum entfernt, dass es großer Gesten bedarf, um sich körpersprachlich mitzuteilen. Solche Großgesten sagen zwar nichts über den Wahrheitsgehalt des Gesagten aus, aber sie beeindrucken das Publikum. Über eine große Distanz ist es sogar viel leichter, zu lügen, als die

Wahrheit zu sagen. Man muss sich pointiert und mit starken Symbolen ausdrücken, was häufig die Zusammenhänge vereinfacht und vergröbert. Gerade die Illusion fordert die Distanz, das weiß jeder, der im Zirkus arbeitet. Dompteure haben dabei ein doppeltes Problem: Zum einen müssen sie einen sehr sensiblen Abstand zu ihren Tieren halten, zum anderen müssen sie sich über die große öffentliche Distanz ihrem Publikum mitteilen.

Trennen und herrschen

Wenn sich viele versammeln, bedeutet das nicht nur unter Menschen Macht, das Gleiche gilt für Tiere. Eine Ansammlung von Raubtieren bedeutet höhere Energie, meist auch mehr Gefahr. Wenn ich als Dompteur es nur mit zwei Löwen zu tun habe, ist das Verhältnis einfach: Ein Löwe ist der stärkere, der andere unterwirft sich – es herrschen klare Verhältnisse, und damit herrscht auch Frieden in der Manege. Bei mehreren Löwen wird es schon schwieriger. Da rotten sich gern mal ein paar starke Kerle unterhalb des Chefs zusammen, stacheln sich gegenseitig mit Röhren und Fauchen an, und so schaukelt sich schnell eine gefährliche Stimmung auf. In meiner Manege mit maximal 13 Metern Durchmesser kann es deshalb ganz schön eng werden – für mich als Dompteur nämlich. Ich muss diesen wilden Haufen, in dem Machtkämpfe nicht selten sind – wie bei Hunden auf der Straße –, schnellstens unter Kontrolle bekommen. Das heißt, ich muss dazwischenfahren, die einzelnen Tiere wieder aus der Masse lösen und ihre Kommunikation untereinander beenden. Doch mit Gewalt kann ich mich da nicht einmischen, das wäre viel zu gefährlich. In solchen Situationen muss ich meine Überlegenheit und Autorität demonstrieren und mit ruhiger und fester Stimme die besonders erregten Burschen mit ihrem Namen aufrufen und zur Besinnung bringen. Die Tiere müssen das Gefühl haben, dass ich jedes einzelne von ihnen anspreche und ansehe und dass keines hinter meinem Rücken etwas anzetteln kann.

Das war übrigens auch der Rat, den ich in meinem SPIEGEL-Leserbrief unserer Bundeskanzlerin gab. Die »starken Kerle«, die sich auf dem damaligen Titelfoto zusammenrotteten, waren ihre neuen Koalitionspartner – darunter viele ihrer CDU-Kollegen. Zwar nicht ihre Freunde, doch offiziell hatten sie Frau Merkel als Alphatier akzeptiert. Offiziell heißt aber nur »nach außen hin«. Wie das so ist in der politischen Manege: Ein paar Kollegen, die vor Kraft kaum gehen können, testen ständig, ob der Chef auch immer noch der Stärkste ist. Das Einzige, was ein Dompteur bei einer solchen Zusammenrottung tun kann, ist, möglichst jede Kommunikation zwischen den knurrenden Konkurrenten zu ersticken. Man muss verhindern, dass sich die starken Kerle untereinander einigen. Man muss jeden Einzelnen genau ins Auge fassen, ihn deutlich ansprechen und warnen. Trennen und Herrschen ist ein Prinzip in der Manege, das auch in der Politik funktioniert. Und wenn Frau Merkel ihre Konkurrenten immer schön auseinanderhält, damit sie sich nicht gegen sie verbünden können, wird auch sie überleben. Unter Menschen kann man die eigene Macht erhalten, indem man Unfrieden unter den Untergebenen schürt – damit sie sich nicht gegen den Chef erheben –, in der Manege funktioniert das nicht. Als Dompteur weiß ich, dass ich weder zwei Feinde noch zwei sehr enge Freunde nebeneinandersetzen darf. Ich kann nicht mit gesteuerter Aggression arbeiten, nur mit Harmonie.

Wann wir wieder zum Tier werden

Tiere, vor allem Raubtiere, reagieren sofort und zuverlässig, wenn man in ihre Zonen eindringt. Bei Raubtieren provoziert man zuverlässig die Kampfsituation, wenn man die Fluchtdistanz unterschreitet. Flucht oder Kampf, das sind die beiden Alternativen. Doch grundsätzlich wird selbst ein wehrhaftes Raubtier fliehen, wenn man ihm zu nahe kommt. Nur wenn ihm der Fluchtweg versperrt wird, wird es angreifen.

Im Prinzip geht es uns Menschen nicht anders, wenn es uns zu eng wird. Körperliche Enge lässt psychische Enge, Druck und das Gefühl des Gefangenseins entstehen. Eine große Menschenmenge, etwa eine Gruppe von Demonstranten, kann sich sehr leicht in einen Zustand hoher emotionaler Gereiztheit hineinsteigern, einfach weil jeder Einzelne seine persönliche Zone verloren hat. Aus der zunächst neutralen Menge kann schnell eine aufgebrachte, eine wütende, eine destruktive Masse werden. Das Geheimnis eines gelungenen Polizeieinsatzes bei der Auflösung einer solchen konfliktgeladenen Menschenmenge liegt im Wiederherstellen der persönlichen Zonen. Polizisten lernen, wie man eine Menschenansammlung am schnellsten auflöst und jedem Einzelnen wieder mehr Raum gibt, damit sich die Emotionen beruhigen können. Politische Aktivisten dagegen sorgen ganz bewusst dafür, dass der Raum, in dem eine Versammlung stattfinden soll, immer etwas zu klein für das zu erwartende Publikum ist. In halbleeren Räumen schlagen die Emotionen nie hoch. Fünfhundert Menschen auf dem Potsdamer Platz sind ein kläglicher Haufen – auf dem Rathausplatz einer Kleinstadt dagegen können sie eine zündende Größe darstellen.

Auch Stadtplaner haben inzwischen erkannt, dass das Problem der Gewalt in den Trabantenstädten nichts mit den angeblich »asozialen Bewohnern« zu tun hat, sondern auch mit der Zusammenballung zu vieler Menschen auf zu engem Raum. In den Pariser Vororten, den Banlieues, besitzen viele Menschen kaum noch eine private Rückzugsmöglichkeit. Das Ergebnis sind Stress und Aggressionen.

Das Dominanzverhalten von Tieren

Weil Menschen Tere gern durch die »menschliche Brille« betrachten, interpretieren sie deren Verhalten meist falsch. Wenn ein Hund sich zu einer Person in der Familie besonders hingezogen fühlt, so hat das nur einen Grund: Sie hat eben immer Leckerli zur Hand – Liebe geht bekanntlich durch den Magen. Die Zuneigung basiert also nicht auf Anhänglichkeit, sondern auf Abhängigkeit.

Auch das Problem des verdeckten Dominanzverhaltens ist uns vom beliebtesten Haustier des Menschen her bekannt. Viele Hundebesitzer wissen nämlich nicht, wer bei ihnen zu Hause das Sagen hat – der Hund oder der Mensch. Nachdem Hunde Rudeltiere sind und es instinktiv gewohnt sind, dass es einen Rudelführer gibt, bekommen Hundehalter Probleme, die diese Rolle nicht konsequent ausfüllen. Familien, in denen antiautoritäre Hundeerziehung praktiziert wird, werden schnell von ihren Vierbeinern regiert. Dabei ist das keine Charakterfrage, es geht also nicht darum, ob es besonders dominante Hunde gibt und weniger dominante – es gibt ausschließlich Hunde, die das System des Oben-Unten brauchen. Und wenn der Mensch nicht oben sein will, muss es eben der Hund sein, sonst bricht dessen Weltbild zusammen.

Nach und nach wird dann der Hund zum Rudelführer, und die meisten Menschen merken das nicht einmal. Oft wird tierisches Verhalten völlig falsch interpretiert. Viele Hundehalter halten die ersten Anzeichen dafür, dass ihr Haustier auf der Leiter der sozialen Rangordnung wieder eine Sprosse höher gestiegen ist, sogar für Liebe. Sie missverstehen bestimmte Verhaltensweisen ihres kleinen Lieblings und sehen sie als Liebesbeweis an. Da dreht sich etwa der Schlüssel im Schloss, Herrchen kommt heim. Der Hund bellt, flitzt an Frauchen vorbei zur Tür und begrüßt den Herrn lautstark, springt an ihm hoch und bellt begeistert. Nett finden das die meisten Hundebesitzer. »Er hat sich so auf sein Herrchen gefreut.« Falsch. Der Hund nimmt der Frau den zweiten Platz in der Rangordnung weg und schiebt sich so langsam in der Hierarchie nach vorn. Man muss Signale von Tieren als das verstehen, was sie sind. Das Sichvordrängeln ist ein deutliches Zeichen dafür, dass der Hund sich ein Machtprivileg aneignet, das ihm nicht zusteht. Über die Rangordnung hat nicht er zu bestimmen, das tun die Menschen, bei denen er lebt.

»Auch das Erziehen von Haustieren will gelernt sein. Oft dressiert das Tier den Menschen und nicht umgekehrt.«

Doch das ist noch harmlos gegen manch andere Beispiele, bei denen man sich fragen muss, wer hier eigentlich die Hosen anhat – oder wer wen dressiert. Wenn der Hund einem ein Spielzeug vor die Füße legt und der Hundebesitzer sofort anfängt, mit ihm zu spielen, weil er das ja so süß und clever findet, hat dieser ganz Recht: Es ist tatsächlich schlau, und der Hund lernt, dass er das Verhalten seines Herrchens bestimmen kann. Der Hund wird also zum Menschenhalter und zukünftig auch bestimmen, wann man Gassi geht, auf welcher Seite er läuft, wohin der Spaziergang führt, wie lange er dauert und so weiter.

Erst dann, wenn Hunde sogar anfangen, ihre Menschen auch als Hunde zu behandeln und sie sogar sexuell bedrängen, wird es den meisten Hundehaltern mulmig. Der Rüde findet es prima, dass er sich am Menschenbein befriedigen oder seinem »Herrchen« gar – bei geeigneter Größe – die Vorderläufe auf die Schultern legen kann: eine absolute Dominanzgeste.

Ähnliche Missverständnisse sind zwischen einem Dompteur und seinen Raubtieren ausgeschlossen.

Klare Machtverhältnisse sind lebenswichtig

Dominanz ist im menschlichen Miteinander ein Dauerthema, ob in der Familie, der Schule oder im Berufsleben. Kinder etwa spiegeln die Verhaltensweisen ihrer Eltern so exakt und gnadenlos wider, dass jeder, der diese Kinder erlebt, sofort in Ton und Gestik den einen oder anderen Elternteil erkennen kann. Alle können das – nur die betroffenen Eltern meist nicht. Missachtet ein Vater etwa seine Frau und drückt das auch deutlich aus, wird das Kind der Mutter gegenüber auch ohne Achtung und Respekt agieren. Der Vater unterstützt dieses Verhalten unbewusst, weil er es nicht tadelt – und die Mutter hat sich schon so an den Ton gewöhnt, dass sie nicht aufbegehrt. Eigentlich müsste sie sich nämlich gegen ihren Mann zur Wehr setzen.

Dominanz ist ein Verhalten, das für klare Strukturen in einem Gemeinwesen sorgt. Die Frage »Wer ist hier eigentlich der Chef?« zieht sich ebenso durch die Weltgeschichte wie durch die Entwicklungsgeschichte der Säugetiere – die des *Homo sapiens* mit eingeschlossen. Und diese Frage ist auch heute nicht hinfällig, nur haben sich die Strategien, Dominanz zu zeigen und durchzusetzen, gewandelt. Sie sind raffinierter und subtiler geworden.

Lehrer prügeln ihre Schüler nicht mehr, sie drohen ihnen über die Eltern mit der Aussicht auf ein verpfuschtes Leben, wenn sie schlechte Leistungen in der Schule bringen. Natürlich soll das keine Aufforderung dafür sein, die Prügelstrafe wieder einzuführen – echte Autorität nämlich bewegt sich jenseits von körperlicher und psychischer Gewalt. Klare Grenzen ziehen kann man ganz ohne Drohung, einfach indem man seine eigenen Grenzen aufzeigt und gleichzeitig vermittelt, dass diese für alle gelten, für Lehrer, Eltern, Chefs, Politiker – und natürlich auch für Dompteure.

Dominanzgesten von Tieren

→ **Situation:** Das Haustier rempelt den Halter leicht von hinten an.
   Fehlinterpretation: Wie nett. Es sucht Körperkontakt.
   Wahre Botschaft: Geh weg, ich bin hier der Chef.
   Das ist mein P atz.

→ **Situation:** Das Haustier setzt sich zum Halter auf das Sofa.
   Fehlinterpretation: Es möchte eben auch nahe bei uns sein, schließlich gehört es ja auch zur Familie.
   Wahre Botschaft: Ich werde austesten, wie weit ich gehen kann. Schließlich ist der schönste Ruhe- und Schlafplatz ein Privileg.

→ **Situation:** Das Haustier geht an der Leine und wechselt ständig die Seite, verw ckelt den Menschen schließlich in der Leine.
   Fehlinterpretation: Es freut sich so, dass es wieder raus darf. **Wahre Botschaft:** Ich zeige, wo es langgeht – und wenn man mich nicht zur Ordnung ruft und sich selbst aus der Leine wickelt, hat man das auch akzeptiert.

→ **Situation:** Das Tier legt dem Menschen die Pfote auf den Fuß.
   Fehlinterpretation: Wie nett. Es zeigt, dass es mich mag.
   Wahre Botschaft: Mach was – reagiere auf mich.

Dominanzgesten von Menschen

→ **Situation:** Man betritt das Zimmer seines zuständigen Finanzbeamten. Er bleibt sitzen und schaut nicht auf.

Fehlinterpretation: Der Mann arbeitet sehr konzentriert.

Wahre Botschaft: Die möglichen Reaktionen haben je nach Position unterschiedliche Bedeutungen: Bei gleicher Machtposition bleibt der Besuchte sitzen, der Besucher grüßt zuerst. Steht der Besucher in der Hierarchie höher, wird der Besuchte aufstehen, ihn zuerst begrüßen. Steht der Besucher in der Hierarchie unter ihm, bleibt der Besuchte sitzen, im schlimmsten Fall beachtet er den Ankömmling nicht.
Der Finanzbeamte in unserem Beispiel will zeigen, dass er »die Macht hat«.

→ **Situation:** In einem Meeting mit Personen verschiedener Machtebenen unterbricht der Chef einen Sprecher und ergreift das Wort.

Fehlinterpretation: Es hat ihm einfach zu lange gedauert, und er will den roten Faden nicht verlieren.

Wahre Botschaft: Manche Chefs müssen durch solch unhöfliches Verhalten immer wieder an ihre Position erinnern. Normalerweise wartet man eine Redepause ab, bis man etwas sagt.

→ **Situation:** Der Chef steht mit mehreren Mitarbeitern vor der Lifttür. Als der Aufzug kommt, lässt er sie zuerst einsteigen, betritt den Lift als Letzter und drückt den Etagenknopf.

Fehlinterpretation: Eine nette und höfliche Geste.

Wahre Botschaft: Wer zuletzt einsteigt, kann als Erster aussteigen, außerdem ist der Platz an der Tür der beste im Lift. Und wer den Knopf drückt, bestimmt, wohin die Reise geht.

→ **Situation:** Der Chef kommt zu einem Untergebenen und setzt sich auf die Ecke seines Schreibtischs, während er mit ihm redet.

Fehlinterpretation: Eine sehr freundliche und vertraute Geste. **Wahre Botschaft:** Eindeutige Dominanzgeste. Er dringt einfach in die Privatsphäre seines Angestellten ein.

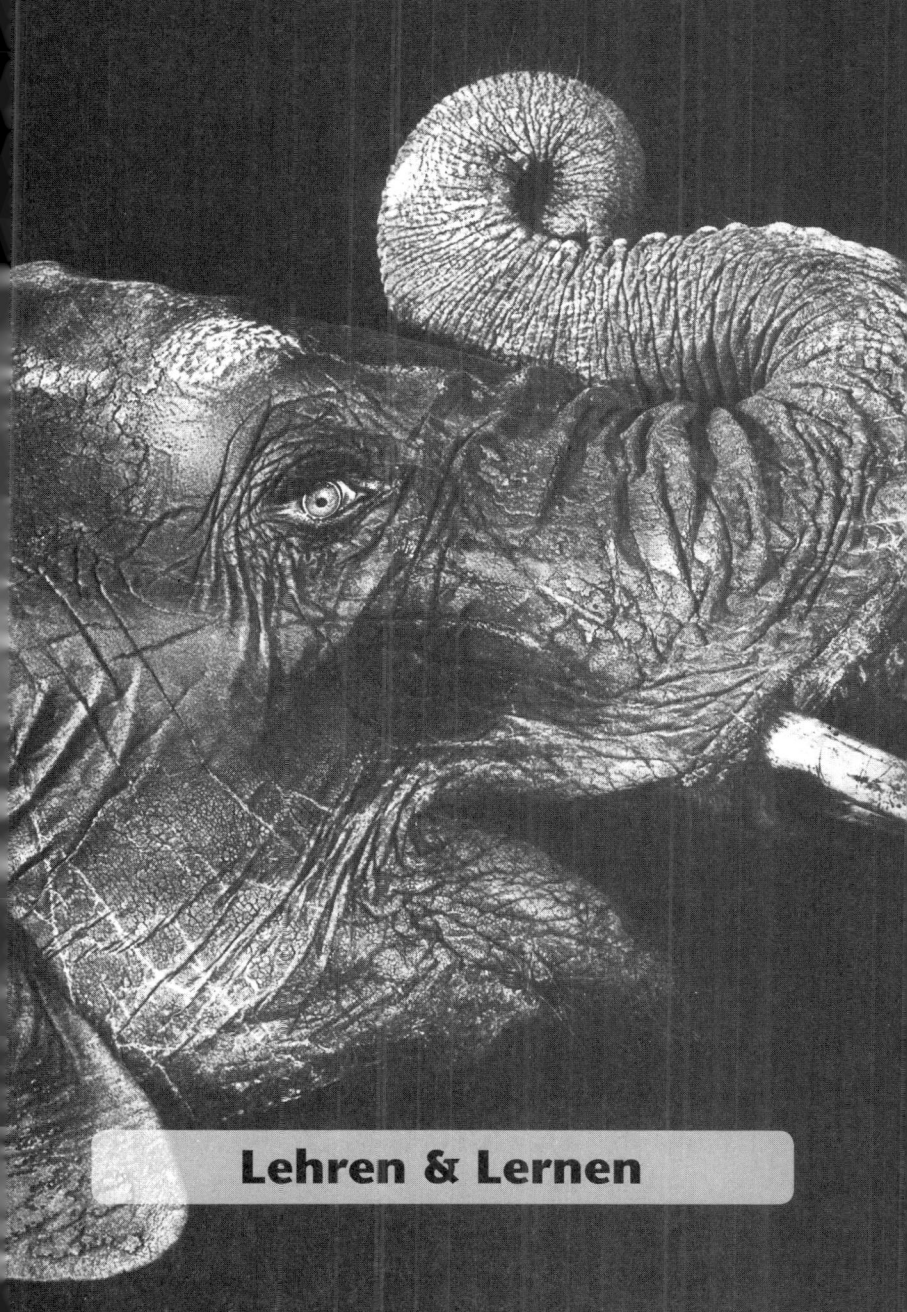

Lehren & Lernen

Vertrauen ist die Grundlage des Erfolgs

Vertrauen ist die Voraussetzung für jede Arbeit mit Tieren. Heute wird mit den Tieren in Tierparks und im Zirkus fürsorglich und artgerecht umgegangen. Wir arbeiten nicht mit Tieren, die in der Wildnis eingefangen wurden, sondern ausschließlich mit in Zoos geborenen Tieren, die man nicht mehr auswildern kann. Und wir arbeiten mit ihnen nach den sanften und psychologischen Techniken, für die 1850 die berühmte Zoofamilie Hagenbeck den Grundstein gelegt hatte. Damals entstand die zahme Dressur, die psychologische und angstfreie Technik, Großkatzen auszubilden. Vertrauen war und ist das Zauberwort. Man kann nicht grob mit Tieren umgehen, denn eine verängstigte Bande kann man im Zirkus nicht als edle Tiere präsentieren.

Vertrauensbildende Maßnahmen werden nicht nur ergriffen, um Konflikte zwischen Staaten, Parteien und Partnern gar nicht erst aufkommen zu lassen. Auch im Verhältnis zwischen dem Dompteur und seinen Tieren sind sie unerlässlich. In meinem Fall lernt der Dompteur vom Tier und der Zirkusdirektor vom Dompteur. Vertrauen schafft man nur, wenn man alles mit Ruhe, Überlegenheit und Geduld macht, wenn man sich immer zuerst als Mensch und dann erst als Chef zeigt. Vertrauen setzt auch Gerechtigkeit voraus, Gerechtigkeit, die man auch sich selbst zukommen lassen muss. Auch ein Löwe merkt, ob er gerecht behandelt wird. Und wehe, wenn nicht! Dann verschafft sich der König der Tiere das, was er für gerecht hält – und zwar so, dass es einen das Fürchten lehrt. Es wird immer davon erzählt, dass Elefanten ungerechte Behandlung nicht vergessen. Da dürfen Löwen und Tiger nicht ausgeklammert werden. Das habe ich als junger Dompteur von 22 Jahren am eigenen Leib erfahren müssen und daraus gelernt. Schließlich habe ich in rund 51 Jahren mindestens 40 000 Auftritte überlebt.

Dressur unter neuen Vorzeichen

Jenseits der Zirkuskuppel hat das Wort Dressur eher einen negativen Beigeschmack. Man assoziiert damit militärischen Drill, stupides Wiederholen genormter Bewegungsabläufe und absoluten Befehlsgehorsam. Doch so eine Art der Dressur findet vielleicht in Militärkasernen statt, nicht jedoch im Zirkus. Mit Tieren jedenfalls kann man so nicht arbeiten – nicht ohne ihre Persönlichkeit zu zerstören. Im 19. Jahrhundert haben noch ein paar Dompteure mit der Dressur der Unterwerfung gearbeitet. Sie führten die wilden Tiere als unberechenbare Bestien vor und sich selbst als furchtlose Tierbändiger. Abgesehen davon, dass eine bloße Darbietung brüllender und fauchender Raubtiere auf die Dauer recht langweilig ist, zeigen Tiere unter Druck und Angst nur einen Bruchteil ihrer Fähigkeiten. Deshalb wandte sich das Publikum sofort der neuen, kooperativen Form der Dressurarbeit zu, als sie ihm zum ersten Mal dargeboten wurde. Dazu kam vielleicht auch eine zunehmende Sensibilisierung für den Schutz des Tieres und eine grundsätzlich neue Einstellung zum Thema Autorität. Nach zwei verheerenden Weltkriegen und den Erfahrungen mit absoluter, diktatorischer Herrschaft war eine Sehnsucht nach Gleichberechtigung und Kooperation gewachsen, die sich auch in der Tierdressur ausdrückte. Überall wurde nach neuen, sanften Wegen innerhalb von Hierarchien gesucht, gleichzeitig erlebten die Sozialwissenschaften einen enormen Aufschwung. Wie im Verhältnis zwischen den Menschen suchten die Menschen auch im Verhältnis zu den Tieren nach neuen Mustern und Strategien.

Wer mit Tieren ohne Druck und Strafe arbeiten will, muss zunächst wissen, wie Tiere fühlen, wie sie reagieren und wie sie den Menschen erleben. Salopp gesprochen: Man muss verstehen, wie Tiere ticken. Und ebenso salopp kann man sagen: Sie ticken nicht wesentlich anders als Menschen. Sie brauchen Anerkennung, sie brauchen Zuwendung, Verständnis und Liebe. Man könnte es auch folgendermaßen formulieren – Raubtiere in der Manege brauchen dasselbe wie ein Dompteur. Diese Erkenntnis führte zu einer ganz neuen Auffassung der Raubtierdressur: Nicht das Bändigen des wilden, gefährlichen Tiers sollte nun im Zentrum der Vorstellung stehen, sondern der gemeinsame Auftritt. Moderne Dompteure nehmen sich zurück und sind Teil der Aufführung – nicht als Herrscher, sondern eher als Trainer.

Und das ist wohl die wichtigste Neuerung der modernen Dressur, dass nämlich das Ziel der perfekte Auftritt ist, nicht die eitle Selbstdarstellung eines Tierbändigers.

So gesehen, lässt sich die Arbeit in der Manege sehr wohl auf das moderne Berufsleben übersetzen, aber auch auf die Situation Lehrer und Schüler, auf die politische Arbeit und auf den Alltag in der Familie. Erst wenn man sich von den alten Autoritätsbildern verabschiedet hat, kann man die moderne Partnerschaft in der Politik, im Beruf und im Privatleben aufbauen.

Sanfte Führung in der Manege

Wenn ich, der Dompteur, meine Mitspieler kennen gelernt habe, sie ausführlich studieren und durch die Kindheit führen konnte, wird es Zeit, mit den Proben zu beginnen. Ich spüre immer wieder, wie sehr Menschen, die wenig vom Zirkusleben verstehen, das Wort Dressur trifft. In ihren Gesichtern kann man lesen, dass sie, bei aller Begeisterung für den Zirkus, eine Abneigung gegen den Ausdruck Dressur haben. Sie denken dabei an die »harte Hand«, die man angeblich braucht, damit Raubtiere parieren.

Ich könnte Dressur natürlich auch mit »Ausbildung« oder »Schule der Zusammenarbeit« umschreiben, aber das ist Unsinn: Dressur ist die Kunst des Dompteurs – und das Wort Dressur bedeutet bei mir diszipliniertes Spiel. Man bricht nicht den Willen eines Tieres, man macht ihm keine Angst, und man zwingt ihm keine Kunststückchen auf, die seinem Naturell zuwiderlaufen. In der Dressur kann jedes Tier das tun, was es in Freiheit auch tut. Kein Löwe zeigt in der Manege Bewegungsabläufe, die er in freier Wildbahn nicht auch zeigen würde. Im Ngorongorokrater in Tansania balancieren Löwen eben nicht über einen Balken zwischen zwei Postamenten, sondern über umgestürzte Baumstämme. Einem Löwen – und das gilt für jedes andere Tier ebenso – kann man nichts beibringen, was er nicht schon kann. Die Kunst besteht darin, solche Fähigkeiten zu kennen, in ein festes Programm einzubinden und nach einem zuverlässigen Muster abzurufen.

Alle Raubtiere bewegen sich gerne, lieben es zu spielen und miteinander zu balgen. Ich nutze diesen natürlichen Spieltrieb und sorge für einen fließenden Übergang zwischen Spiel und Arbeit. Gesteuertes Spielen ist mein Ziel – so, dass es den Tieren Spaß macht und dem Publikum auch.

»Die Dressur ist ein diszipliniertes Spiel. Man macht dem Tier keine Angst, und man zwingt ihm nichts auf, was seinem Naturell zuwiderläuft.«

Was wir bei der Vorführung in der Manege sehen, ist ganz schnell erklärt: Großkatzen, Bären und Elefanten werden in einem Zentralkäfig vorgeführt, der über den Laufgang mit einem Außengehege verbunden ist. In diesem Manegenkäfig zeigen die Tiere Kunststücke wie Balkenlaufen, Sprünge über Hürden oder von Podest zu Podest, legen sich als »lebender Teppich« ab, richten sich auf, balancieren und kommen ihrem Dompteur in der Manege immer wieder gefährlich nahe. Das ist die kurze Definition, aber sie erklärt nicht mehr als das, was der Zuschauer mit seinen eigenen Augen erkennen kann. Das ist zwar spannend, aber eben nur ein Bruchteil der Arbeit, die ein Dompteur leistet.

Der Panthersprung

Was das Publikum sieht und was wirklich passiert, ist nicht immer dasselbe. Bei meiner berühmtesten Nummer, dem Sprung des Schwarzen Panthers, der mich in alle Zeitungen brachte, wurde das besonders deutlich.

Onyx hieß dieses schöne Tier, das in einem Zoo geboren und von mir aufgezogen wurde. Durch eine Laune der Natur findet man in einem Wurf gefleckter Leoparden immer mal wieder ein völlig schwarzes Exemplar. Die Schwarzen Panther wirken ebenso elegant wie gefährlich. Onyx hatte einen guten Charakter, und ich konnte ihm mit der Zeit näher kommen als allen anderen Leoparden. Also überlegte ich mir für ihn ein besonderes Kunststück. Er sollte mich von seinem Hängepodest anspringen – immerhin aus drei Metern Höhe und fünf Metern Entfernung. Nun muss man dazu sagen, dass es kein Dompteur überleben würde, spränge ihn tatsächlich ein Panther an. Denn der Beutesprung bedeutet, dass das Tier seine messerscharfen Krallen ausfährt, sich an sein Opfer klammert und sich darin verbeißt. Und das hat nichts mit gutem oder schlechtem Charakter zu tun, das ist schlicht eine Instinkthandlung. Hätte er mich als Beutetier betrachtet und angesprungen, ich wäre schon beim ersten Mal im Krankenhaus gelandet.

Also musste ich seinen Instinkt überlisten. Ich begann damit, den kleinen Onyx vorsichtig aufzuheben und ein paar Schritte zu tragen. Später hob ich ihn von seinem Podest und brachte ihn nach und nach dazu, in meine Arme zu springen. Onyx wurde größer und schwerer – am Schluss wog er immerhin 45 Kilo –, und wir übten jeden Tag zusammen. Er machte am

Anfang noch kleine Hopser und ließ sich immer brav von mir auffangen. Jede Woche jedoch vergrößerte ich den Abstand. Ich musste nur darauf achten, dass er nie das Vertrauen zu mir verlor, dass ich ihn also jedes Mal sicher auffing. Das Vertrauen musste immer stärker sein als die Angst zu stürzen. In dem Moment, in dem Onyx in Panik geraten wäre, hätte er seine Krallen ausgefahren. Schließlich klappte die Nummer mit dem ausgewachsenen Tier, und der Sprung von Onyx wurde zum Abschluss und Höhepunkt der Vorstellung. Ich hatte die größten Schwierigkeiten nicht beim Auffangen, sondern beim Weggehen mit dem Panther, denn der Kerl stützte sich manchmal mit den Krallen seiner Hinterläufe an mir ab.

Viele Zuschauer dachten, ich würde einen Lederpanzer unter dem Kostüm tragen, aber dem war natürlich nicht so. Kein Dompteur tritt in solcher Schutzkleidung auf. Trotzdem hätte ich einmal ein »dickeres Fell« gebrauchen können, denn als ich Anfang der achtziger Jahre beim Fangen ins Stolpern geriet, verkrallte sich Onyx vor Schreck derart, dass ich erst nach drei Wochen wieder aus dem Krankenhaus entlassen werden konnte. Doch war das nicht sein Fehler. Ich hatte nicht aufgepasst. Es ist nie das Tier schuld, immer der Dompteur. Oder, wie man für das menschliche Leben und Arbeiten ableiten könnte: Wer die Verantwortung hat, der Klügere oder der Chef, muss für die Fehler geradestehen – niemals seine Untergebenen.

Vorbereitung auf die Manege

Ein Raubtier zu dressieren ist kein Unterfangen, für das es einfache Rezepte gibt. Jeder Dompteur entwickelt seinen eigenen

Stil und hat seinen persönlichen Zugang zu den Tieren. Aber grundsätzlich gibt es ein paar Phasen und Techniken, die als allgemeingültig anzusehen sind.

Nachdem sich die jungen Tiere an ihre erste Heimat (ihren Wohnkäfig) und an mich gewöhnt haben, zeige ich ihnen ihre zweite Heimat (die Manege) und gewöhne sie auch an dieses Revier. Die Tiere müssen sich mit jedem Quadratzentimeter ihrer Heimat vertraut machen. Das heißt bei Raubkatzen zum Beispiel, dass sie jeden Winkel lange und ausgiebig beschnuppern. Sie müssen sich sicher fühlen: zuerst in ihrer Umgebung, dann untereinander – also mit den Tieren ihrer Art – und auch zusammen mit den Tieren einer anderen Art.

Genau so wie es schüchterne Menschen gibt, gibt es auch schüchterne Tiere. Die muss man besonders fördern. Das führt sogar so weit, dass ich für die schüchternen Exemplare auch mal auf meine aufrechte Haltung verzichte. Und das ist äußerst gefährlich für Dompteure, denn nur diese in den Augen der Großkatzen geheimnisvolle Fähigkeit, immer aufrecht gehen zu können, macht uns so unangreifbar. Ich knie mich also vor das Tier, mache mich klein, um Vertrauen zu gewinnen, und muss immer auf der Hut sein, dass das Vertrauen des Tieres nicht in ein Überlegenheitsgefühl ausartet.

Ich spreche jedes Tier ständig mit seinem Namen an, gewöhne es an meine Stimme und an ihren Ausdruck – denn auch wenn Tiere keine Wörter verstehen, verstehen sie die Botschaft des Klangs sehr wohl. Grundsätzlich hat ein Dompteur einige Möglichkeiten, sich den Tieren mitzuteilen: Er spricht mit seinem Körper, mit seinem Tonfall, mit seiner Mimik und mit seinen »seltsamen« Armen.

»Was der Dompteur lernen muss, ist sich und dem Tier
Zeit zu lassen.«

In der ersten Phase des Kontakts muss ich den Tieren in erster
Linie Sicherheit vermitteln, aber ich darf noch nichts von ihnen
fordern. Egal, wie viele Tiere die Raubtiergruppe am Schluss
haben soll, man fängt immer mit kleinen Gruppen an. Mehr als
drei Tieren kann man sich am Anfang nicht widmen.

In der zweiten Phase des Kontakts weise ich den Tieren ihre
Plätze zu, an die sie sich gewöhnen müssen, damit sie sie später
immer verlässlich einnehmen werden. Diese Sitzordnung dient
der Disziplin und Sicherheit in der Manege, nicht nur meiner
eigenen, sondern auch der der Tiere. Auf ihren Podesten darf
sie niemand stören oder angreifen, kein anderes Tier und kein
Dompteur. Und auch auf den Appell muss ich mich verlassen
können, das heißt darauf, dass der Platz nur auf mein Kommando verlassen wird.

Erst wenn die Tiere sich absolut sicher fühlen und ihren festen
Platz akzeptiert haben, übe ich mit ihnen die Reihenfolge der
Auftritte und Abgänge, wobei die Regel gilt, dass immer nur
eine Tierart den Manegenboden berührt. Die anderen sitzen
derweil ruhig auf ihren Plätzen.

Arbeiten mit der Flucht- und Angriffsdistanz

Nach diesen Vorarbeiten erst – die anstrengend genug sind und
einige Wochen dauern können – geht es an die tatsächliche
Dressurarbeit. Zunächst heißt es, für jedes Tier das Kunststück

zu finden, das ihm entspricht, das ihm Freude macht und das es auch elegant und sicher ausführen kann.

Um einem Tier etwas beizubringen, arbeitet man mit der geheimnisvollen Kraft der Distanzzonen *(siehe S. 119–122)*, von denen im vorangegangenen Kapitel schon die Rede war. Bei Raubkatzen lassen sich die kritischen Abstände auf zwei reduzieren: die Fluchtdistanz und die Angriffsdistanz. Der größere Kreis um jedes Tier, den ich ständig genau abschätzen muss, ist die Fluchtdistanz. Wenn ich einen Fuß in diese Zone setze, wird der Löwe im Innern des Kreises sich abwenden und ausweichen, so weit, bis der alte, sichere Abstand wiederhergestellt ist. Durch dieses ständige Zurückweichen komme ich dem Tier also gar nicht so nahe, dass es sich wehren müsste. Das will ich aber. Deshalb manövriere ich den Löwen in eine Ecke, aus der er mir nicht entwischen kann. Kaum überschreite ich den inneren Kreis, die Angriffsdistanz, wird er mich sofort attackieren. Er kann nicht anders, ein Reflex zwingt ihn dazu, auf mich loszugehen. Nun springe ich schnell wieder so weit zurück, dass ich sogar außerhalb seiner Fluchtzone bin – sofort bleibt der Löwe stehen.

Der Dompteur, das undurchschaubare Wunderwesen

Nun ist es natürlich nicht sehr ratsam, ständig seinen Kopf in die Angriffszone eines Löwen zu stecken, deshalb haben die Dompteure ein Mittel ersonnen, das ihren Körper größer wirken lässt. Der Stock und die Peitsche, die Dompteure ständig in Händen halten, sind Verlängerungen ihrer Arme, und die Raubtiere akzeptieren sie als menschliche Körperteile. Niemand sollte jedoch glauben, Dompteure würden mit dem Stock die Tiere prügeln und ihnen die Peitsche um die Ohren schlagen. Das tun sie natürlich nicht, denn die Verhältnisse in der Manege sind weit subtiler. Mit Gewalt jedenfalls wird man einem Raubtier, mit dem man arbeiten will, nicht Herr.

Die Sache verhält sich folgendermaßen: Der Dompteur zeigt bereits dem jungen Tier, dass er keine Angst vor ihm hat, indem er es mit dem Ende des Stocks knufft. Und nachdem der junge Löwe sich bei dieser Aktion ein paarmal in das Holz verbissen hat, hat er gelernt, dass die äußeren Extremitäten dieses hoch aufgerichteten, eigenartigen Lebewesens völlig unempfindlich gegen scharfe Löwenzähne sind.

»Der Dompteur muss sich dem ihm überlegenen Tier immer als undurchschaubare Macht präsentieren, die man besser nicht angreift.«

Mit der Peitsche lenkt der Dompteur durch leichtes Touchieren die Aufmerksamkeit auf sich und fordert das Tier zur Bewegung auf. Geht man dabei allerdings zu heftig vor, wird augenblicklich Gegenwehr ausgelöst, und jede erwünsche Reaktion erlischt. Der gewiefte Dompteur betritt also nicht mit seinen eigenen Füßen die Angriffszone des Löwen, er tut das mit den Enden seiner künstlich verlängerten Arme.

Den Kräften von Löwen kann man nur mit List begegnen. Wüssten diese, dass man das – eigentlich lächerliche – Holzstöckchen mit einem gut gezielten Prankenhieb zur Seite wischen könnte und der Dompteur dann mit seinen erbärmlich kurzen Ärmchen vor dem Tier stünde, wäre die Gefahr groß.

Distanz, Respekt und Belohnung

Die Distanz zwischen einem Raubtier und seinem Dompteur zu wahren, bedeutet, einen Abstand des Anstands einzuhalten – genau wie im zwischenmenschlichen Bereich. Sich also nicht auf den Pelz zu rücken. Wird dies bei einer Großkatze nicht beachtet, erzeugt es unweigerlich Reaktionen. Ein Mensch wird, wenn man ihm zu nahe kommt, eine Abwehrgeste machen, etwa die flache Hand zeigen, oder den Abstand vergrößern, indem er einfach einen Schritt zur Seite geht. Bei der Großkatze muss man mit gebleckten Zähnen und mit einem Prankenhieb rechnen. Ausnahmen gibt es auch unter den Raubtieren. So wie manche Menschen ein kumpelhaftes Naturell besitzen, gibt es auch Großkatzen, die den hautnahen Kontakt erlauben – wenn auch leider viel zu selten. An dieser Stelle möchte ich deutlich betonen: Auch wenn man ein Raubtier so an sich gewöhnt hat, dass man es anfassen und sogar mit ihm schmusen kann, wird es nie zahm sein. Das heißt, dass man das Verhalten dieses Tieres nie voraussagen kann und immer auf der Hut sein muss. Ganz und gar unverantwortlich wäre es, ein solches »gezähmtes« Tier Fremden zum Streicheln anzubieten.

Die Ausbildung meiner Tiere erfolgt ausschließlich durch das Lenken und Dirigieren mit Stock und Touchierpeitsche, die als Dirigentenstab fungieren. Durch bestimmte Bewegungen, Scheuchen, lenkt man das Tier in die gewünschte Richtung oder Position und stellt sich sofort, wenn die Großkatze die

Position erreicht hat, selbst vor das Tier, um damit zu zeigen: Hierhin wollte ich dich haben. Nach einigen Wiederholungen lernt der »Schüler« die jeweiligen Kommandos und Schritte, und dann genügt es, einfach den Stock hochzuheben, um das Haltsignal zu geben. Auch das ist nach einigen Wiederholungen in den kommenden zwei bis drei Wochen nicht mehr nötig, weil das Tier gelernt hat, was es tun soll, und dies nie mehr vergisst. Diese Art der Ausbildung führt zu einer dauerhaften Prägung. Die Methode gilt für alle Disziplinen, die den Tieren beigebracht werden können, ohne ihre Befähigung und individuelle Begabung zu überfordern. Bei den Vorstellungen in der Manege soll sich deutlich zeigen, dass die Aktionen mit Lust erfolgen und nicht unter Zwang. In der Manege wollen die Tiere ebenso glänzen wie der Mensch. Meine Großkatzen lieben es, wenn ihnen die Sympathien des Publikums zufliegen.

Die Dressur und Ausbildung kann nur das aus einem Tier herausholen, was die Natur schon angelegt hat – und was einem das spezielle Tier auch anbietet. Wenn Eisbären beispielsweise in der Manege eine Rutschbahn herunterrutschen, tun sie das ebenso unbeschwert, wie sie am Nordpol Schneehänge auf dem Bauch herabrutschen.

Routinen und Standfestigkeit als Lebensversicherung

Wer in der Manege sein (und bleiben) will, muss einen festen Stand haben. Ich meine das durchaus im doppelten Wortsinn. Man muss ständig signalisieren, dass man der Chef ist, und das geht nur, wenn man tatsächlich die Kraft und Autorität dazu besitzt. Den Chef nur zu spielen, funktioniert in der Manege nicht. Und man muss tatsächlich wortwörtlich aufpassen, dass man auf beiden Beinen stehen bleibt. Vor einem Dutzend wachsamer Raubkatzen auszurutschen und zu Boden zu gehen kann sehr unangenehme Folgen haben. Was zusätzlich hilft, sind Routinen.

So wie das gesamte Zirkusprogramm nach einem exakten und minuziösen Spielplan abläuft, tut das auch meine Nummer: Die Reihenfolge des Einlaufs der Tiere ist festgelegt, die Reihenfolge der Kunststücke, die Reihenfolge des Abmarsches. Jedes Postament steht immer an derselben Stelle in der Manege, egal in welcher Stadt wir auftreten, ich trage immer dasselbe Kostüm – obwohl mich die Tiere in jeder Verkleidung erkennen würden –, und die Zirkusmusik, die gespielt wird, ist immer dieselbe. Sie glauben, das sei langweilige Routine? Routine allerdings, aber die ist in dieser Situation lebensnotwendig. Routine gibt Sicherheit – und das Publikum bekommt davon sowieso nichts mit.

»Routinen sparen Zeit, setzen Energien frei, vereinfachen das Miteinander und geben Halt – dem Dompteur und den Raubtieren – im Zirkus ebenso wie den Menschen in Beruf und Alltag.«

Routinen sind auch außerhalb der Manege hilfreich. Kreative Menschen wissen, dass Routine nicht das Ende der

Spontaneität bedeutet. Im Gegenteil, sie kann sie in vielfacher Hinsicht erleichtern.

Alltägliche Handgriffe und Verrichtungen, wie das Einordnen oder Sortieren von Unterlagen oder das Abfragen von E-Mails, bewältigt man fast automatisch. Dinge, die Sie so erledigt haben, geben Ihnen ein gutes Gefühl und einen positiven Schub.

Feste Zeiten, in denen Sie im Büro sind, vereinfachen die Kommunikation und den Umgang mit Kollegen. Feste Termine für Teamsitzungen ersparen es Ihnen, Besprechungen immer wieder neu organisieren zu müssen. So bleibt mehr Zeit und Kraft für kreative Prozesse – im Beruf und im Privatleben.

Aggressivität unter Tieren

Tiere kämpfen bekanntlich anders als Menschen: Artgenossen greifen sich untereinander nicht an, sofern keine instinktiven Revier- oder Fortpflanzungskämpfe anstehen. Tiere, die demselben Rudel angehören, greifen sich nie an, um sich zu töten. Man kennt die typische Unterwerfungsgeste aus dem Hundereich: Zwei Hunde (dasselbe gilt auch für Wölfe oder Löwen) kämpfen, um herauszufinden, wer der Stärkere ist. Wenn ein Unterlegener am Boden liegt und aufgibt, bietet er dem Stärkeren die ungeschützte Kehle dar. Kein normales Tier kann jetzt noch zubeißen. Es wird knurren und die Zähne fletschen, aber schließlich wird es den anderen in Ruhe lassen. Anschließend gehen beide Kontrahenten ihres Weges, der Kampf ist entschieden.

Diese rituelle Niederlage, bei der niemand zu Schaden kommt, ist aber nur zur Hälfte genetisch bedingt. Wenn junge Hunde einen solchen Kampf ausfechten und der Stärkere gerade dabei ist, den Unterlegenen weiter heftig zu attackieren, geht das Muttertier in der Regel sofort dazwischen. So konditioniert die Hundemutter ihre Welpen und bringt ihnen bei, wo die Grenzen im Kampf zwischen Artgenossen liegen.

Wenn zwei sich balgen

Streitigkeiten bringen Unruhe in die Gruppe. Wenn ein Tier dem anderen nicht mehr vertraut, besteht die Gefahr, dass die Nummer nicht mehr reibungslos läuft. Feindschaft, jedenfalls so, wie wir Menschen sie kennen, ist zwischen Raubtieren absolut selten. Normalerweise kommt höchstens mal eine Kabbelei unter zwei vermeintlichen Häuptlingen vor, die aber am nächsten Tag wieder vergessen ist. Großkatzen sind da souverän. Sie erkennen genau, wer vor ihnen kneift. Und wehe dem, der sich immer wieder stellt. Dann juckt es in den »Fäusten«. Im Allgemeinen aber vergessen sie schnell, vor allem dann, wenn sie an sich selbst keine Demütigung erfahren haben.

Mit anderen Worten: Kein Missgeschick sollte als Missgeschick enden. Wenn ein Tier mal einen Sprung verpatzt, gebe ich ihm die Möglichkeit, die Übung zu wiederholen – damit es am Schluss ein Erfolgserlebnis hat. So muss man auch mit plötzlich ausbrechenden Aggressionen umgehen. Man muss ein versöhnliches Ende herbeiführen. Jedenfalls ist es nicht ungewöhnlich, dass zwei, die sich gestern noch schwer in der Wolle hatten, am nächsten Tag brav und friedlich nebeneinanderhocken. Aggressivität bei Tieren wird nämlich oft aus seichteren Gewässern gespeist als bei Menschen. Bei Tieren ist der Auslöser entweder eine Laune, ein Missverständnis oder ein Schreck – schon bricht das Donnerwetter los. Aber deswegen ist der momentane Gegner nicht unbedingt zum Feind geworden. Schon bei der nächsten Vorstellung können die beiden wieder einträchtig nebeneinandersitzen.

Raubtiere sind nicht nachtragend

Die meisten Laien können kaum verstehen, dass ein Dompteur, der von einem seiner Raubtiere angefallen und schwer verletzt wurde, nach seiner Genesung wieder in seiner Gruppe steht und das Tier, das ihn so zugerichtet hat, genauso behandelt wie die anderen. Jedenfalls sollte ein guter Dompteur das tun. Denn auch das Tier, das ihn verletzt hat, trägt ihm nichts nach, es hat die Geschichte schon längst vergessen. Es war eben ein Ausrutscher – ein gefährlicher und meist schmerzhafter zwar, aber kein Zeichen einer Feindschaft. Wenn so ein Unfall passiert, war es immer der Dompteur, der einen Fehler gemacht hat. Das Tier hat nur seinen Instinkten gehorcht. Die Einsicht in diese Zusammenhänge ist die Voraussetzung für gute Dompteure und schützt sie vor überflüssigen und schädlichen Emotionen ihren Tieren gegenüber.

Weder ich als Dompteur noch die Tiere sind nachtragend. Nach heiklen Situationen brauche ich zwar einige Zeit, um mein Selbstvertrauen dem Tier gegenüber zurückzugewinnen – das betroffene Tier seinerseits jedoch nicht. Löwen oder Tiger machen mir nur Probleme, wenn sie es an Respekt mir gegenüber fehlen lassen, also wenn ich mir den Schneid abkaufen lasse und nicht rechtzeitig reagiere.

Der Grund für plötzliche Aggressivität ist meist ein angelegter Verhaltenszwang, und dabei geht es fast immer um Triebverhalten. Eine hitzige Löwin zusammen mit drei jungen männlichen Löwen in die Manege zu holen ist eben keine gute Idee. Genauso wie es bestimmt nicht klug ist, wenn ein Mann zu seinem 40. Geburtstag als Überraschung für seine Frau alle seine ehemaligen Freundinnen einlädt. Was in der häuslichen Manege dann abläuft, könnte ähnlich turbulent werden wie unter brünstigen Löwen – allerdings würde hier kein Dompteur mehr etwas ausrichten können.

Man muss immer 100 Prozent geben

Wenn man die Regeln der Manege auf menschliche Themen übersetzt, wundert man sich, wie klar und effektiv sie wirken – und wie selten und halbherzig wir solche Regeln anwenden. Weil man sich im Zirkus hundertprozentig auf jeden Einzelnen verlassen können muss, fliegt selbstverständlich jeder raus, der weniger als 100 Prozent gibt. Das klingt hart, aber ich bin der Meinung, es wäre das Beste für jede Schule, jeden Handwerksbetrieb und jeden Vorstand eines internationalen Konzerns, wenn man dort ebenso konsequent verfahren würde. Warum aber werden Wirtschaftsunternehmen und Verwaltungen nicht wie ein Zirkus geführt? Die Antwort ist wohl: Weil es dort kaum gute Dompteure gibt.

Man braucht Menschen, die Verantwortung übernehmen, die mit dem ganzen Herzen bei der Sache sind und sich intensiv mit einem Thema beschäftigen. Vielleicht gibt es bei uns im Zirkus mehr davon, weil wir uns täglich vor einem neuen Publikum beweisen müssen. Da kann man schnell übertrumpft werden, wenn man nicht alles gibt. Deshalb sind im Showbusiness die Auswahlkriterien ebenso hart wie einfach: Das Bessere ist des Guten Feind.

Angriffe erkennen und abwenden

Krieg in der Manege, das ist der größte anzunehmende Unfall, den man als Dompteur unbedingt verhindern muss. Aber man kann schon vorher sehen, ob es am Abend überhaupt zum Krieg kommen könnte. Es ist wie in der Geschichte auch: Nur wer sehr blind, desinteressiert oder dumm ist, wird von einem Krieg überrascht.

Meine Tierpfleger berichten mir vor der Vorstellung, wie jedes einzelne Tier sich heute verhalten hat, ob es Auffälligkeiten gibt oder gar Alarmsignale. Ich achte also besonders auf die Tiere, die mir als kritisch gemeldet werden. Aber ich sehe fast immer schon beim Einlaufen der Tiere in die Manege, wer heute ein Problem machen könnte. Die jeweilige Stimmung lässt sich anhand der Körpersprache erkennen. Tiere können nervös sein, übellaunig, verschreckt – aber sie können auch eines Tages tatsächlich den Entschluss fassen, heute dem Chef im Ring eins auszuwischen. Meine Position steht immer wieder neu zur Disposition.

Ich reagiere auf solche Herausforderungen durch erhöhte Aufmerksamkeit und Zuwendung. Ich spreche das betreffende Tier an, in beruhigendem Ton, und behalte es im Auge. Man kann den möglichen Konflikt immer schon voraussehen, und man muss die Spannung aushalten – besser jedenfalls als der mögliche Angreifer.

Mobbing am Arbeitsplatz

Überall wo Menschen miteinander arbeiten, kann es vorkommen, dass Einzelne von ihren Kollegen angefeindet und lächerlich gemacht werden. Inzwischen hat man auch ein Wort dafür gefunden: Mobbing. Weil alle über Mobbing reden, wird der Begriff inzwischen inflationär gebraucht, denn ein Streit zwischen Kollegen, die einmalige Schikane eines Vorgesetzten oder die unverschämte Bemerkung eines Mitarbeiters ist noch kein Mobbing.

Mobbingopfer werden von Mitarbeitern oder Vorgesetzten systematisch und über längere Zeit direkt oder indirekt angegriffen – subtil oder brutal, psychisch oder sogar physisch. Ziel der Angriffe ist es, die jeweilige Person zur Kündigung zu bewegen.

Konflikte in Büros entzünden sich meist an organisatorischen Mängeln – an zu viel Arbeit, die von zu wenigen Kollegen erledigt werden soll, an enorm hohem Zeitdruck, an starren Hierarchien, an Ablaufplänen mit unsinnigen Anweisungen, an hoher Verantwortung bei geringem Handlungsspielraum und an geringer Bewertung der Tätigkeit. Aber es können auch die Vorgesetzten sein, die mobben. Manche halten diese in ihren Augen »gesunde« Konkurrenz für den besten Antriebsmotor in der Firma. Sie säen Zwietracht unter den Mitarbeitern und unterdrücken alle, die eine eigene Meinung haben. Es soll sogar Firmen geben, die Mobbing fördern, wenn Entlassungen anstehen, weil das billiger kommt als ein Sozialplan.

Bei Mobbing unter Kollegen muss der Vorgesetzte einschreiten. Er hat nicht nur das Recht, Arbeit zu verteilen, er hat auch eine Fürsorgepflicht für seine Mitarbeiter. Ein guter Vorgesetzter merkt schnell, wenn Kollegen gemobbt werden, und er wird rechtzeitig eingreifen. Je früher er eingreift, umso besser sind seine Chancen, die unheilvolle Entwicklung rechtzeitig zu stoppen. Leider ist Mobbing heute sogar schon in den Schulen unserer Kinder zu einem ernsthaften Problem geworden.

Mobbing in der Manege

Dompteure und die meisten Menschen, die mit Tieren arbeiten, kennen den Begriff Mobbing schon lange. Vor 50 Jahren prägte ihn der Verhaltensforscher Konrad Lorenz für Angriffe von unterlegenen Tieren auf einen überlegenen Feind. Er hatte beobachtet, wie Gänse einen Fuchs »mobbten«. Tiere mobben natürlich viel offener und direkter als Menschen, deshalb kann man Kollegenmobbing auch so schwer bekämpfen. Tiere kennen nur körperliche Angriffe, sie wissen nichts von Klatsch, Intrigen und heimlicher Kritik, sie verstehen sich nicht auf das Schikanieren und Lächerlichmachen und andere Formen von Psychoterror.

In einer Löwengruppe kann es auch einen geben, der ganz unten steht, aber das ist seir Platz, und er wird nicht jeden Tag aufs Neue gequält, um ihn daran zu erinnern. Hierarchien sind selbst in demokratischen Gesellschaftssystemen nicht abgeschafft, nur werden sie gu: kaschiert. Ganz wie George Orwell schon in seiner *Farm der Tiere* schrieb: »Alle Tiere sind gleich – aber ein paar Tiere sind gleicher.«

Autorität – die unsichtbare Peitsche

Die alte Frage, die sich viele immer wieder stellen, lautet: Warum besitzt der eine Autorität und der andere nicht? Man kann die Frage nur im selben Stil beantworten: Entweder man hat Autorität, oder man hat sie nicht. Autorität bedeutet nicht einfach Macht, denn Macht kann übertragen werden. Autorität ist eine durch Können oder persönliche Kompetenz begründete Ausstrahlung, die selbstbewusste Fähigkeit, über den Dingen zu stehen, die man bei Führungskräften, Eltern und Lehrern häufig findet – oder jedenfalls finden sollte.

Fachliches Können und Wissen allein reichen eben nicht, um einem Menschen Autorität zu verleihen. Es gibt eine natürliche Autorität, die man nur durch Lebenserfahrung erlangen kann, nicht auf Managerseminaren. Wem die natürliche Autorität fehlt, der wird immer Schwierigkeiten haben, von anderen anerkannt zu werden, egal, ob sie ihm gleichgestellt, über- oder untergeordnet sind. Menschen ohne Autorität werden sich »durchsetzen müssen«, sie werden zu Status- oder Dominanztricks greifen müssen – oder sich schließlich unterwerfen.

»Autorität und Respekt sind die Eckpfeiler meiner Arbeit. Beides muss man sich verdienen. Sie sind keine Bedrohung und sollen keine Angst auslösen – sie sollen nur eine Macht darstellen, die man besser nicht in Frage stellt.«

In der Manege funktioniert nur Autorität, denn Macht habe ich keine. Angesichts der eindrucksvollen Bewaffnung dieser acht bis zwölf Muskelpakete, die ausgewachsene Ochsen schlagen können, bin ich tatsächlich machtlos. Aber gerade das ist die Herausforderung. Der Mensch setzt seinen Kopf gegen die körperliche Übermacht des Raubtiers ein. Das ist es, was mich schon immer fasziniert hat. Und bis heute ist es gutgegangen.

Das gemeinsame Ziel zählt

Ein Dompteur würde sich nie bei seinen Tieren anbiedern oder Körperkontakt jenseits der festen Grenzen suchen, die er selbst gezogen hat. Er würde auch die Grenze zwischen oben und unten nie verwischen, er macht seinen Tieren immer wieder unmissverständlich klar, dass sie seine Helfer, Mitspieler und Mitagierenden sind – aber niemals Kumpane oder gar Gleichberechtigte. Sie sind Individuen, denen er eigene Persönlichkeiten zugesteht, für die er Verantwortung übernimmt, um die er sich kümmert, die er schützt und die mit ihm, im übertragenen Sinne, einen Vertrag geschlossen haben: sich während der Vorstellung dem Programm zu unterwerfen – nicht jedoch ihm, dem Dompteur!

Das ist entscheidend, und das erinnert an die Produktionsphilosophie in japanischen Firmen: Wir schaffen zusammen ein Produkt, gemeinsam mit dem »Dompteur«. Aber entscheidend (auch für das Selbstwertgefühl jedes Einzelnen) ist die Identifikation mit dem Produkt, nicht die Hierarchie.

Nicht dem Vorgesetzten unterwerfen sich also die Angestellten, sondern dem gemeinsamen Ziel. In der Schule unterwerfen sich die Schüler nicht dem Lehrer, sondern dem gemeinsamen Ziel des Lernens, dem Konsens, sich gegenseitig zu achten und nicht zu stören. In der Familie unterwirft man sich nicht dem Familienoberhaupt, sondern dem gemeinsamen Ziel, sich liebevoll und aufmerksam umeinander zu kümmern.

Das wäre der beste Weg einer aggressionsfreien Zusammenarbeit, wenn nämlich der Deal klar ist: Es geht nicht darum, wer oben und unten ist, es geht darum, dass wir alle auf ein gemeinsames Ziel hinarbeiten. Und das funktioniert in der Schule wie in der Familie, im Beruf wie in der Politik.

Teamarbeit in der Manege

Die Arbeit im gut eingespielten Team war bei uns im Zirkus schon gängige Praxis, als in Politik und Wirtschaft noch mit Hierarchien gearbeitet wurde. Die Fähigkeiten jedes Einzelnen werden nicht nur unter Artisten besonders geschätzt, sondern auch im Raubtierkäfig. Gemeinsames Vorgehen schafft zudem Stärke und ein Gefühl der Sicherheit. Im Team kann sich mehr entwickeln, als wenn ein Einzelner über einer Lösung brütet.

Deshalb müssen die einzelnen Mitglieder eines Teams auch mit Fingerspitzengefühl ausgewählt werden. Man kann nicht aus lauter ähnlichen Charakteren ein Team zusammenstellen. Es darf nicht nur angriffslustige Häuptlinge geben, aber auch nicht nur Harmonisierer. Die Mischung muss stimmen, ebenso wie die Atmosphäre. Jeder meiner Angestellten kann etwas Besonderes, aber erst, wenn den Einzelnen der Teamgeist packt, wird er seine Fähigkeiten auch optimal für uns alle einsetzen.

Übrigens: Was man heute auf Neudeutsch Teammanagement nennt, bezeichnen wir im Zirkus seit jeher als »Richtig mit den Leuten reden«. Das geht ganz einfach mittels klarer Worte: Ich sehe, wenn einer unzufrieden ist, und frage ihn, was ich oder was er ändern kann, damit es uns beiden wieder besser geht. Ich zeige aber anderen auch, wie sie sich verhalten müssen, damit sie das bekommen, was sie wollen. Das lernt ein Dompteur schließlich bei – und von – seinen Tieren. Man kann Menschen wie Tieren ein verlockendes Ziel vor Augen führen, etwa Applaus und einen Festschmaus, um sie für ein gemeinsames Projekt zu begeistern. Und man muss dafür sorgen, dass am Ende alle Bedürfnisse befriedigt sind: die eigenen, die der Mitspieler und die des Publikums. Das gilt im Zirkus genauso wie bei einem Telekommunikationsunternehmen.

Zirkusmitarbeiter und Raubtiere motiviert man durch Lob und Bestätigung. Mitarbeiter in Unternehmen motiviert man z. B. durch Kompetenzen, interessante Aufgaben und Positionen.

Zieldenken von Dompteuren

→ Denken Sie nie an die Probleme, aber immer an das gemeinsame Ziel und daran, wie weit alle zusammen schon gekommen sind

→ Betrachten Sie Probleme grundsätzlich nur als Umwege.

→ Sehen Sie Schwierigkeiten als sportliche Herausforderungen an.

→ Helfen Sie jedem Ihrer Tiere oder Mitarbeiter, sich im Rahmen seiner Fähigkeiten und seinen Neigungen entsprechend zu verwirklichen, und bauen Sie die speziellen Fähigkeiten und Vorlieben jedes Einzelnen in Ihr Gesamtkonzept ein.

→ Denken Sie nie lange darüber nach, warum etwas nicht geglückt ist. Stellen Sie die Fehler ab und versuchen Sie aufs Neue, Ihrem Ziel näher zu kommen.

→ Versteifen Sie sich auf dem Weg zu Ihrem Ziel nicht auf die Position des »Man macht es eben so«. Lassen Sie neue Wege zu und lernen Sie dabei auch von Ihren Mitarbeitern (den zwei- und den vierbeinigen).

Manege frei!

Was man für Geld nicht kaufen kann

Wenn es endlich zum ersten Auftritt in einer neuen Saison kommt, nach einer langen Winterpause und nach vielen Stunden Training und Arbeit mit den Tieren, erlebe ich diesen Moment immer als besonders intensiv und beglückend. Denn schließlich sind es genau diese Minuten, für die ich lebe. Die Arbeit mit den Tieren ist spannend, die Zusammenstellung einer neuen Gruppe, das Training, die Entwicklung der Nummern, die ganze Organisation einer Spielzeit – immer mit einem festen Ziel vor Augen: der Aufführung. Und das vereint uns alle, die wir im Zirkus arbeiten. Wir fiebern der Aufführung entgegen. Menschen, die nicht gern im Mittelpunkt stehen, haben in der Manege nichts verloren. Wer hier arbeitet, liebt die Öffentlichkeit und weiß, dass man hier mehr verdient als überall sonst auf der Welt. Man bekommt nämlich etwas, das man sich für Geld nicht kaufen kann: Applaus.

Dramaturgie in der Arena – Theater in der Manege

Eine Zirkusmanege ist die Art von Bühne, die am schwersten zu bespielen ist. Ich habe viele Schauspieler und Politiker erlebt, die während einer Vorstellung zu mir in die Manege kamen (nicht in den Raubtierkäfig) und völlig verunsichert waren. In der Mitte einer Zirkusarena steht man wie auf einem Präsentierteller, und selbst ausgewiesene Profischauspieler wissen zunächst nicht, wie sie auf so einer Bühne das Publikum ansprechen sollen. Denn hier gibt es kein Vorn und Hinten, hier hat man kein Bühnenbild im Rücken, das Sicherheit verleiht, und keine klare Front der Zuschauer vor sich: Man ist umgeben von Publikum, und man hat in kaum einer anderen Kunstsparte ein solch intensives Gefühl, mitten im Rampenlicht zu stehen. Wer jemals in der Zirkusmanege bestanden hat, den wird kein Auftritt vor Publikum mehr aus der Fassung bringen können. Sicher wäre es ein gutes Training für alle, die auf Hauptversammlungen sprechen, einen Wahlkampfauftritt hinlegen oder im Deutschen Bundestag eine Rede halten müssen.

Dompteure treten nicht ein, sie treten auf

Von meiner Tochter Rebecca, die in ihrem Zweitberuf als Schauspielerin schon seit Jahren in der *Lindenstraße* mitspielt, weiß ich, dass uns Zirkusleute viel mit der Schauspielerei verbindet. Zum Beispiel der Auftritt. Wann immer ich eine freie Minute habe, gehe ich ins Theater und achte besonders auf die Sekunden, in denen ein Schauspieler zum ersten Mal auf der Bühne erscheint. Jeder kennt den Unterschied zwischen Eintritt und Auftritt, und besonders gut erkennt man ihn, wenn sich auf einer kleinen Provinzbühne eine Sperrholztür in der Kulisse öffnet und plötzlich eine neue Person auf der Bühne steht. Manche Schauspieler treten so dezent ein, dass das Publikum ihren Auftritt kaum bemerkt. Aber das ist nicht der Sinn der Sache. Am Theater ist es wie im Zirkus: Hier arbeitet man nicht, um leise und unauffällig einzutreten – man tritt auf! Das kann man einerseits zwar lernen, man muss aber auch die innere Überzeugung haben, dass das eigene Erscheinen derart wichtig und großartig ist, dass es auch das Publikum augenblicklich spürt.

Bestimmte Menschen füllen einen Raum sofort aus, wenn sie ihn betreten. Stars wie Cary Grant oder Sophia Loren zum Beispiel zogen bestimmt nicht alle Blicke auf sich, weil sie besonders laut oder gestenreich auftraten – es war einfach ihre Ausstrahlung, die sie so unglaublich stark wirken ließ.

Ein Raubtierdompteur, der leise und schüchtern seine Manege betritt, würde ein ungutes Gefühl bei seinen Zuschauern entstehen lassen. Man muss einem solchen Mann schließlich auch zutrauen, dass er seine Tiere wirklich im Griff hat, und das kann unmöglich ein Leisetreter sein.

Die ersten Sekunden in der Manege

In der Manege ist der erste Eindruck doppelt wichtig: Man möchte als Artist oder Dompteur sympathisch rüberkommen, aber man will gleichzeitig auch kompetent erscheinen. Wer mit Raubtieren arbeitet, muss obendrein seinem Publikum von Anfang an die Sicherheit vermitteln, dass in der nächsten Viertelstunde nichts passieren kann. Denn kein Zuschauer ist gekommen, um zuzusehen, wie ein Mensch von Löwen zerrissen wird. Als Dompteur muss ich mein Publikum also auch immer beruhigen.

Während der ersten Sekunden meines Auftritts werde ich also von den Zuschauern genau taxiert. Sie fragen sich insgeheim: Was ist denn das für einer? Traue ich ihm zu, ein Dutzend Raubtiere im Zaum zu halten? Wirkt er sympathisch und kompetent?

Wird er uns gut unterhalten? Wie ist seine Art, mit den Tieren umzugehen? Will er sich produzieren? Stellt er seine Tiere in den Vordergrund oder eher sich selbst? Wie reagieren die Tiere auf ihn? Diese und viele andere Fragen tauchen auf und werden erst im Lauf der Vorstellung beantwortet.

Heute lernen Verkäufer und Vertreter, dass es beim ersten Kundenkontakt auf die ersten drei Sekunden ankommt und dass sie, ebenso wie Schauspieler auf der Bühne oder ein Moderator im Fernsehen, nur ganz wenig Zeit haben, um einen Kunden zu überzeugen. Der Funke muss sofort überspringen – wenn nicht, wird es eine zähe Arbeit, die oft schon von Anfang an zum Scheitern verurteilt ist.

Gehirnforscher haben festgestellt, dass in den ersten Sekunden einer Neubegegnung das limbische System stark aktiviert wird. Wir scannen das Neue mit allen Sinnesorganen ab und leiten die Nachrichten sofort an dieses Zentrum weiter, in dem sich spontan ein Urteil bildet.

Das erste Urteil, das ein Publikum in Sekundenschnelle fällt, hängt von scheinbar oberflächlichen Dingen wie Aussehen, Kleidung, Geruch und Stimme ab. Vor allem aber davon, ob das alles harmoniert. Denn wenn etwas nicht zum Gesamteindruck passt, deutet das auf Unstimmigkeit hin. Ganz unbewusst wird man so zur Vorsicht ermahnt. Ist der andere ein Betrüger, ein Hochstapler? Will er mich verwirren oder übervorteilen? Er scheint jedenfalls nicht die Wahrheit zu sagen. Das alles legt sich als nebulöser Eindruck in Bruchteilen von Sekunden nieder, obwohl wir noch keine Ahnung haben, wer diese Person wirklich ist.

Passt alles, was wir an einem Fremden wahrnehmen, zur Vorstellung, die wir uns von ihm gemacht haben und zu unserem eigenen Lebensumfeld, dann akzeptieren wir ihn.

Zu einem positiven Auftritt gehören auf jeden Fall ein Lächeln, ein offener Blick und die frontale Zuwendung des Körpers zum Publikum. Der Augenkontakt ist besonders wichtig, wenn man mit Fremden in Verbindung treten will. Doch wenn ein Blick »nicht echt« ist, weil sich jemand verstellt, wird das vom Gegenüber in der Regel schnell erkannt. Wer einem Menschen wirklich offen und freundlich entgegentritt, schaut ihn aus normal geöffneten Augen an. Da hilft uns Menschen die Intuition. Ein starrer Blick ist ebenso verräterisch wie übertrieben hochgezogene Augenbrauen. Wer anderen nur schöne Augen macht, wird bald als unecht entlarvt. Häufiges Blinzeln versteht man intuitiv als Zeichen der Unsicherheit oder Nervosität, und sogar verengte Pupillen registrieren wir als Zeichen des Desinteresses oder der Ablehnung.

Unterstützen Sie Ihre Botschaft richtig

Im Zirkus sitzt das Publikum sehr dicht am Geschehen. In der Manege spürt man diese Nähe ausgesprochen intensiv – die Zuschauer sind überall. Das bringt eine andere Schwierigkeit mit sich: Man muss sein Publikum anders ansprechen als von einer Theaterbühne aus, denn die Zuschauer müssen verstehen, was sie sehen. Wenn man dem Publikum etwas erklärt, dreht man sich in der Manege daher langsam rückwärts im Kreis und unterstreicht seine Worte mit großen, sehr deutlichen Gesten. Das ist auf einer Rundbühne unverzichtbar, und vielen Zuschauern fällt die extreme Körpersprache der Zirkusartisten auf. Doch die großen Gesten sind keine exaltierten Selbstdarstellungen, sondern einfach dem Anlass angemessen. Beim Film fängt eine Großaufnahme auch noch das geringste Augenzwinkern ein, im Theater muss man schon deutlichere Gesten machen und vor allem lauter sprechen – aber in einer Zirkusmanege muss jede Bewegung rüberkommen und noch bis in die letzten Reihe verständlich sein.

Wenn wir mittels Körpersprache Signale aussenden, sind sie nur dann wirkungsvoll, wenn sie unsere Botschaft unterstützen. Einfacher ausgedrückt: Sie müssen mit der Botschaft übereinstimmen. Wer seine Zuhörer auffordert, ihm ruhig und konzentriert zuzuhören, darf dabei nicht wild mit den Armen in der Luft herumfuchteln. Wer sein Publikum mit einer dynamischen Rede mitreißen möchte, sollte sich kleine, abwiegelnde Handbewegungen verkneifen. Zu viele oder falsche Gesten verringern die Überzeugungskraft des Redners, denn sie widersprechen der Botschaft.

Bleiben Sie bei allem immer Sie selbst

Darüber hinaus passt nicht jede Mimik und nicht jede Geste zu jeder Person: Große und ausladende Bewegungen bei kleinen und schüchternen Menschen wirken meist lächerlich und deplaziert, und zaghafte Gesten wirken bei souveränen, großen Menschen unpassend und nicht echt.

Die meisten Menschen wollen selbstsicher, souverän, freundlich und gebildet wirken, doch es sind oft Winzigkeiten, die die echten Gefühle und den Status quo verraten. Vor allem in Situationen, in denen man unvorbereitet ist, zeigt sich die wahre Konstitution. Deshalb sollte man immer an die erste Überlebensregel in der Öffentlichkeit denken: Sei Du selbst. Denn bei Notfällen bleibt zum Überlegen keine Zeit. In solchen Fällen versagt jede Kontrolle. Der Körper reagiert spontan und intuitiv – man wird rot, fängt an zu stottern und hat plötzlich einen leeren Kopf.

Wer einfach er selbst bleibt, erreicht vielleicht nicht sein Idealbild, aber er erspart sich auch bittere Blamagen.

Kleine Unfälle und Schrecksekunden kann es in jeder Situation geben, ob man eine Rede hält oder plötzlich vor einer Kamera steht. Und nicht jeder ist ein so erfahrener Medienlöwe wie unser Altbundeskanzler Gerhard Schröder, der immer wirklich gut wurde, wenn er aus der Routine ausbrechen musste.

Als er bei einer Rede vor dem BDI merkte, dass er das falsche Manuskript dabei hatte, dauerte es keine Sekunde, bis er auf Plan B umgeschaltet hatte. Er faltete das Manuskript mit großer Geste zusammen, legte es beiseite und lehnte sich verschwörerisch nach vorn. Eine Geste, die nichts anderes bedeutet als »Jetzt mal ganz unter uns...«. Der folgende Stegreifvortrag begeisterte die Arbeitgeber vor allem deshalb, weil sie alle gespürt hatten, dass da jemand völlig frei und ohne Netz und doppelten Boden sprach und sich mehr engagierte, als man das üblicherweise von Politikern gewohnt ist.

Gerhard Schröder musste in dieser Situation spontan reagieren. Er hatte diese Szene nicht geprobt, um sie an diesem Tag aufzuführen. Ein Dompteur würde sich mit solchen Überraschungen die besondere Aufmerksamkeit des Publikums sichern. Etwa wenn er plötzlich Stock und Peitsche weglegt und – wie Schröder ohne Manuskript – völlig ungeschützt mitten in der Manege steht. Doch der Dompteur muss so einen Coup von langer Hand vorbereiten.

Dramaturgische Kunstgriffe

Ich musste das natürlich so machen, als ich den Panther Onyx auffing. Hätte ich Stock und Peitsche noch in den Händen behalten, wäre er niemals gesprungen – und ich hätte ihn auch nicht so leicht auffangen können. Natürlich bringen solche Aktionen »die zweite Luft« bei einer Vorstellung. Die Zuschauer konzentrieren sich plötzlich wieder stärker, weil der Dompteur ja auf einmal »unbewaffnet« in der Manege steht. Als Onyx dann sprang, ging jedes Mal ein aufgeregtes Raunen durchs Publikum.

Es ist im Zirkus schließlich wie in der Schule oder bei einer

Hauptversammlung von Aktionären: Die Aufmerksamkeit des Publikums bleibt nicht konstant hoch. Sie lässt zwischendurch immer wieder mal nach und muss dann neu erobert werden. Das Problem kennen Lehrer wie Redner, aber auch Dramaturgen und Autoren. Spannung lässt sich nicht endlos halten. Man muss immer wieder nachlassen und neu anziehen. Dieser Dramaturgie folgt jeder gute Roman und jedes Theaterstück.

Wenn ich mit meinen Leuten die Choreografie eines Zirkusprogramms zusammenstelle, achten wir immer auf die richtige Mischung, also ein Auf und Ab der Spannung. Man muss den Spannungsbogen gut aufbauen und nach der Pause noch einmal nachlegen, damit im Finale auch alle gleichzeitig auf dem Höhepunkt angekommen sind.

So ist im Kleinen auch meine Raubtiernummer aufgebaut: Spannung wechselt mit humoristischen Einlagen, auf Sprünge folgen Figuren und umgekehrt, die verschiedenen Tiere zeigen ihre unterschiedlichen Fähigkeiten – und genau an dem Punkt, an dem die Aufmerksamkeit des Publikums langsam zu ermüden droht, kommt ein letzter Knaller und dann das Ende. Selbst eine gute Vorführung kann ermüdend sein, wenn sie zu lang dauert. Das geben sogar eingefleischte Wagner-Fans zu – allerdings nur hinter vorgehaltener Hand.

Zu einer gelungenen Dramaturgie gehören auch Pausen. Nicht nur bei einem Zirkusprogramm, sondern auch bei Reden und Vorträgen. Pausen in der Manege sind zum Beispiel wichtig, damit wirklich alle Zuschauer etwas erkennen und niemandem etwas entgeht. Großes kündigt sich entweder durch Stille oder durch Krach an. Im Zirkus verwenden wir vor einem Höhepunkt einen Trommelwirbel. Bei einer Rede geht das nicht.

Da ersetzt man den Trommelwirbel eben durch eine deutliche Pause. Schweigen kann ganz schön intensiv sein, oder, wie Heinrich Heine einmal sagte: »Nichts ist stiller als eine geladene Kanone.«

Eine gute Rede hat viel von einer Raubtiernummer

Ein gelungener Vortrag lebt, so wie ein gutes Theaterstück auch, von einer spannenden Dramaturgie. Es genügt zum Beispiel nicht, wenn Sie sich für einen Vortrag mit einem anständigen Manuskript, einer Computerpräsentation und bunten Tabellen ausrüsten. Sie müssen Ihren Mitbringseln Leben einhauchen. Sie sollten Ihr Material zum Leuchten bringen.

Um den Zuhörern keine Chance zu geben, die Konzentration zu verlieren oder gar einzunicken, sollten Sie während der Präsentation öfter den Standort wechseln. Tragen Sie zum Beispiel die Begrüßung und Einleitung frei stehend vor dem Projektor vor und treten Sie erst danach zur Seite, damit die Zuhörer die Charts auf der Projektionswand sehen können. Ziehen Sie während der laufenden Computerpräsentation immer wieder die Aufmerksamkeit auf sich, indem Sie ins Bild treten und Erklärungen nachlegen. Bei Zwischenfragen gehen Sie zu der jeweiligen Person und antworten ihr Auge in Auge. Das ist persönlich und wird als souverän empfunden. Wenn Sie schwierige Inhalte vermitteln wollen, sollten Sie langsam und schrittweise vorgehen, nach jedem Kapitel eine kurze Zusammenfassung geben und Zwischenfragen zulassen. Nur so bleiben komplizierte Zusammenhänge im Gedächtnis der Zuhörer haften.

Wer noch nicht häufig vor Publikum aufgetreten ist, sollte vor allem sein Hauptinstrument trainieren: die Stimme. Anfangs ist es hilfreich, einen kleinen gesprochenen Vortrag auf Tonband aufzunehmen und sich danach die eigene Stimme anzuhören. Die meisten werden nach dieser Erfahrung vielleicht ein wenig erschrecken, denn die eigene Stimme hört man eben erstaunlicherweise fast nie – das heißt, nicht so, wie andere sie hören.

Zu den typischen Anfängerfehlern gehören zu wenig moduliertes, eintöniges Sprechen, Dehnungslaute wie zum Beispiel die berühmten »Ähs« und eine undeutliche Aussprache. Man macht zu wenige Pausen und unterteilt die Sätze zu selten mit hilfreichen Betonungen. Die größte Falle jedoch, in die unerfahrene und aufgeregte Redner meist tappen, ist die der Geschwindigkeitsüberschreitung. Sie sprechen einfach viel zu schnell. Im Lauf der Rede wird das Tempo dann häufig sogar noch erhöht, mit dem Ergebnis, dass selbst der interessierte Zuhörer dem Inhalt der Rede nicht mehr folgen kann: Sie sprechen schneller, als man sie verstehen kann.

Versierte Redner nutzen – wie Dompteure – die Technik des verzögerten Beginns. Ein kleiner Trick mit großer Wirkung. Sie warten ein paar Sekunden, bis Ruhe eingekehrt ist. Dann atmen sie kräftig ein – das sorgt für die erforderliche Lautstärke in der Stimme – und beginnen mit dem Vortrag. Wer seine Rede mit einer kunstvollen Pause beginnt und dabei sein Publikum mustert, strahlt deutlich mehr Kompe-

tenz und Gelassenheit aus als jemand, der einfach drauflos-
redet.

Sollte es im Raum noch nicht ganz still sein, kann dieses
Anwarten auch dazu beitragen, dass sich alle auf den Redner
konzentrieren und die letzten Tuschler niedergezischt werden. Durch diesen Kunstgriff überlässt man dem Publikum
die Arbeit, für Ruhe zu sorgen. Kein schlechter Auftakt.

Am Anfang der Rede geht es vor allem um einen persönlichen Kontakt zu den Zuhörern. Gestik und Mimik sollten

Tipps für Redner vom Dompteur

→ Bereiten Sie sich sorgfältig vor – auch wenn Sie sicher sind,
das Thema in- und auswendig zu kennen. Wenn Sie nicht
genug Zeit für die Vorbereitung haben, halten Sie im Zwei-
felsfall lieber keinen Vortrag. Glauben Sie, ich würde mit
einem Tiger, den ich erst einen Tag kenne, in der Manege
ein Kunststück vorführen? Gute Vorbereitung ist die halbe
Miete, wenn es darum geht, erfolgreich vor einem Publikum
aufzutreten.

→ Lernen Sie richtig zu atmen.

→ Denken Sie daran, dass Sie Ihr Publikum schon in den ersten
Sekunden packen müssen.

→ Sprechen Sie so laut, wie es der Größe des Publikums und
des Raums angemessen ist. Falls Ihre Stimme dafür nicht
ausreicht, kümmern Sie sich um technische Unterstützung.

→ Öffnen Sie sich und senden Sie positive Botschaften über
Ihre Körpersprache: offene Gesten und freundliche Mimik.

So klappt's mit der Rede

→ Halten Sie Blickkontakt zum Publikum; jeder muss das Gefühl haben, dass er wenigstens einmal während der Rede von Ihnen angesehen wurde.

→ Sprechen Sie lebendig und mit innerer Beteiligung. Was Sie sagen, müssen Sie auch meinen und im selben Moment intensiv miterleben.

→ Sprechen Sie in Bildern. Sich ein Bild vorzustellen und dieses zu beschreiben, hilft dem Gedächtnis, sich komplizierte Zusammenhänge merken zu können.

→ Sprechen Sie nicht zu schnell, trotzdem flüssig und klar, und denken Sie daran, Pausen an den richtigen Stellen zu machen.

→ Halten Sie die Aufmerksamkeit des Publikums lebendig, indem Sie Anekdoten, Fragen oder Zusammenfassungen einflechten.

→ Hüten Sie sich vor zu langen Sätzen, und glauben Sie nicht, dass eine gelungene Computerpräsentation aus einer schlechten Rede eine gute macht.

→ Sollten Sie stecken bleiben, wiederholen Sie in anderen Worten einfach das zuletzt Gesagte. Sollten Sie auch das vergessen haben, fragen Sie jemanden aus dem Publikum, ob er sich daran erinnert. Mit solchen Einlagen können Sie Unsicherheiten überbrücken und sogar die Gunst des Publikums gewinnen. Bleiben Sie Mensch!

deshalb positive Assoziationen beim Publikum auslösen. Dazu gehören offene Hände, ein freundliches Gesicht und ein ruhiger, stetiger Blick. Distanziert und abschätzig wirken dagegen verschränkte Arme, geballte Fäuste oder ausgestreckte Zeigefinger, die in Richtung Zuhörerschaft weisen, Verlegenheitsgesten oder ein unfreundlicher Gesichtsausdruck.

Die Angst des Dompteurs

Natürlich hat auch ein Dompteur vor jedem Auftritt Lampenfieber. Allerdings empfinde ich persönlich es als etwas ausgesprochen Positives: Adrenalinschübe, gesteigerte Aufmerksamkeit und wachsame Erregung. Aber einen trockenen Mund habe auch ich vor jeder Vorstellung. Nur darf man einen Fehler nicht machen: Angst und Anspannung zu verwechseln. Angst darf niemals die Arbeit leiten. Doch die Anspannung vor einer Vorstellung wird die Arbeit intensiver und sicherer machen. Ich bin angespannt, aber nicht ängstlich. Wer Angst hat, sollte noch einmal nachdenken, ob er in der richtigen Manege auftritt und ob das wirklich seine Vorstellung ist, die er sich vorgenommen hat.

Ich habe keine Angst, wenn ich zu meinen Tieren in die Manege gehe, jedenfalls nicht die, dass mir etwas passieren könnte. Ich habe höchstens Sorge, dass sich ein Tier verletzen oder die Nummer in Gefahr geraten könnte – so wie der Trainer einer Fußballmannschaft vielleicht, der sich um seine Spieler und den Spielverlauf sorgt.

Lampenfieber kennt jeder, der sich in der Öffentlichkeit produziert – ob Profi oder Amateur, ob man einen Vortrag in der Firma halten muss oder eine Hochzeitsrede. Lampenfieber kann sich schon Stunden, ja sogar Tage vorher ankündigen. Doch erst Minuten vor dem Auftritt steigt die Fieberkurve dramatisch an. Die Symptome ähneln sich bei fast allen Menschen: Fluchtgedanken, ein rebellierender Verdauungsapparat, Schweißausbrüche und ein trockener Mund. Der bevorstehende Auftritt vor einem Publikum erscheint einem zunehmend wie die Aussicht, in einem Horrorfilm die Hauptrolle spielen zu müssen.

Der Umgang mit der Angst macht stark

Wagnis und Angst gehören zusammen. Ich habe mein ganzes Leben lang stressige Situationen erlebt. Doch daraus, Stress und Angst besiegt zu haben, sind mir immer wieder neue Energien gewachsen. Jahrelang habe ich mit einer gemischten Raubtiergruppe aus vier Tigern, vier Leoparden, einem Schwarzen Panther, vier Eisbären, einem Braunbären und dem Löwen Sultan in der Manege gestanden. Zehn Jahre lang inmitten dieser Gruppe unberechenbarer Raubtiere – auch wenn ich jedes von ihnen vom zehnten Lebensmonat an kannte. Bei jedem Mal schlug mir das Herz bis zum Hals, wenn ich die Käfigtür öffnete. Die Anspannung ließ immer erst nach, wenn alle Tiere ihre Plätze eingenommen hatten und ich endlich das Gefühl hatte: »Jetzt bin ich der Herr meiner Räuberbande.«

Ein besonderer Blick galt immer Sultan. Ich hatte nie ein Problem mit ihm gehabt – bis er ausgewachsen war und sich seine Männlichkeit voll entwickelt hatte. Ab diesem Zeitpunkt begann der Ärger. So nett er auch zu all den anderen Tieren war, mir gegenüber musste er ständig seinen sprichwörtlichen Löwenmut beweisen. Ich hatte mit ihm eine Schlussnummer einstudiert, nachdem alle anderen Tiere den Manegenkäfig verlassen hatten. Wir fochten einen kleinen Schaukampf aus, bei dem er mir schließlich Stock und Peitsche aus der Hand schlug. Ein Höhepunkt und ein schöner Rauswerfer. Nachdem er mich »entwaffnet« hatte, stemmte ich die Arme in die Hüften, blickte ihn vorwurfsvoll an und zog eine rote Karte, wie man sie von Fußballschiedsrichtern kennt. Ich stand ihm wehrlos gegenüber, nur mit einer kleinen Karte aus Karton bewaffnet, und hoffte jeden Abend, dass meine Autorität seiner Angriffslust standhielt. Wir fixierten uns ein paar sehr, sehr lange Sekunden, dann drehte er ab und verschwand unter dem Beifall des Publikums durch das Laufgitter. Jedes Mal fiel mir ein Stein vom Herzen.

Trotz allem habe ich übrigens nie daran gedacht, diese gefährliche Nummer aus dem Programm zu nehmen. Im Gegenteil, es war immer ein intensives Erlebnis. Ich denke noch heute mit einer Mischung aus Schaudern und Glück an diese Zeit zurück.

Nun könnte man natürlich fragen, warum ich nicht auf dieses Tier verzichtet habe, das mir doch so viele Sorgen gemacht und mich oft genug bedroht hat. Die Antwort ist einfach: Es hat mir mehr gegeben als genommen. Auch wenn die Gefahr groß ist, wird man vom Gefühl belohnt, die Angst beherrscht und seine Autorität durchgesetzt zu haben.

**»Wer das Hochgefühl kennt, die eigene Angst besiegt
und seine Autorität durchgesetzt zu haben, möchte es
immer wieder spüren.«**

Bei einer Löwengruppe aus zwölf stolzen Männchen bekam ich
ernste Probleme, als sie alle geschlechtsreif wurden und gewaltige Rivalitätskämpfe untereinander anzettelten. Manchmal geriet ich auch zwischen die wütenden Löwen und musste mich
meiner Haut erwehren. Den Anführer dieser Revolten entfernte
ich aus der Gruppe – aber nach ein paar Tagen hatte ein anderes Tier seinen Platz eingenommen, und der Kampf ging von
vorn los. Es dauerte lange, bis ich bemerkte, dass immer ein
Störenfried nachrücken würde. Die Gruppe war inzwischen auf
sieben Löwen zusammengeschrumpft – und auch unter denen
war wieder ein neuer Revoluzzer aufgetaucht.

Diese Erfahrung hat mir als Chef eines Unternehmens mit über
100 Angestellten aus acht verschiedenen Nationen enorm geholfen. Schließlich ist auch das eine große gemischte Gruppe,
so wie meine Raubtiere. Es ist ein absoluter Gewinn, wenn man
das Privileg hat, das Leben aus verschiedenen Perspektiven betrachten zu können. Ich weiß, dass ich mir meine Mitarbeiter
nicht schnitzen kann. Selbst wenn es einmal Harmonie unter
allen Mitarbeitern gibt, wird sie nicht ewig anhalten. Aber ich
muss bei jeder Unbotmäßigkeit und jedem absehbaren Konflikt
wach sein und mit den Leuten reden. Wenn man den Anfängen wehrt, wird sich kein zu großes Konfliktpotenzial aufbauen.
Die meisten Menschen, die scheinbar tolerant über Kleinig-

keiten hinwegsehen, sind in Wirklichkeit zu feige, einen drohenden Konflikt zu erkennen und anzusprechen. Sie wundern sich dann, wenn sie eines Tages mitten in einem Gefecht stehen.

TV-Zirkus – die Medienmanege

Das Fernsehen ist erst 60 Jahre alt, doch findet man kaum noch jemanden, der sich ein Leben ohne die Flimmerkiste vorstellen kann, und nur noch wenige, die sich an die fernsehlose Zeit erinnern können. Ich weiß, wovon ich rede, denn ich kenne beides – die Zeit vor dem TV und das Fernsehzeitalter. Seit 1958 habe ich anlässlich zirzensischer Fernsehauftritte, für Reportagen und als Schauspieler – in dem Film *Jens Claasen und seine Tiere* – mehr als 50-mal vor der Kamera gestanden. Meine Tochter Rebecca spielt seit 1989 die Rolle der Iphigenie »Iffi« Zenker in der *Lindenstraße*. Sie wuchs als Zirkuskind und Artistin auf. Bereits mit vier Jahren hatte sie ihre ersten Auftritte in der Manege, später machte sie Interviews für Kindersendungen, und als Hans W. Geißendörfer für die *Lindenstraße* eine Göre suchte, die akrobatisch begabt ist, bekam Rebecca diese Rolle. Seitdem arbeitet sie abwechselnd vor der Kamera und im Circus Barum, und das ist eine schöne Verbindung, wie ich finde. Das Fernsehen ist der neue, elektronische Zirkus, aber es hat uns – den guten alten Zirkus mit Sägespänen und Manegenluft – nicht kleingekriegt.

Für eine gelungene Unterhaltungsshow im Fernsehen gilt vieles, was auch auf ein gutes Zirkusprogramm zutrifft: Sie muss bunt und abwechslungsreich sein, sie ist für junge und ältere Zuschauer komponiert, sie wechselt zwischen Comedy und Suspense, und sie hat keinen zu akademisch kulturellen Anspruch. Demnach hätte das Fernsehen den Zirkus genauso gut in den Ruin treiben können. Doch es gibt ihn noch!

Ein paar meiner ehemaligen Kollegen haben es allerdings nicht mehr in die neue Zeit geschafft, denn von den tatsächlichen Großunternehmen, die mit professionellem Management eine große Tierschau und internationale Künstler präsentieren, sind außer meinem Circus Barum deutschlandweit nur einige wenige übrig geblieben. Und für alle gilt: Kein Zirkus kann sich ein schlechtes Programm leisten.

Aber im Zirkus gibt es noch etwas anderes – die Magie: echte Gerüche und echte Tiere, keine Möglichkeit, einen Trick so lange zu wiederholen, bis ihn die Kamera endlich im Kasten hat, keine Bluebox und keine künstlichen Tränen. Zirkus setzt eine hohe Professionalität voraus. Du hast zwar immer eine zweite Chance – aber nur die. Eine dritte gibt es nicht.

Zirkus ist authentisch, ohne Netz und doppelten Boden, und wer abstürzt, kann sich wirklich wehtun. Das ist das Risiko bei der Arbeit in der Manege, aber gleichzeitig ist das auch ein immer wiederkehrendes befriedigendes Abenteuer.

Die Manegen der Talkshows

Es gibt tatsächlich noch eine zweite große Gemeinsamkeit zwischen dem Fernsehen und dem Zirkus, und das ist die Manege. Ich denke an die Manegen der Talkshows und Lifedebatten, die nachmittäglichen Plauder- und Plapperformate, aber auch die ernsthaften abendlichen Polittalks und -gespräche. Hier kann ein Dompteur und Zirkusdirektor ein paar interessante Beobachtungen und Anregungen weitergeben.

Wer sich an die erste politische Talkshow im deutschen Fernsehen erinnert – es handelt sich um Werner Höfers *Internationalen Frühschoppen*, der am 6. Januar 1956 erstmals ausgestrahlt wurde –, weiß auch, was sich seitdem verändert hat: die Inhalte, die Präsentation, der Umgang miteinander. Die Menschen sind angeblich ungeduldigere Zuschauer geworden. Wenn man den Sendeanstalten glauben darf, reicht unser aller Aufmerksamkeit nur für kleine Informationshäppchen. Aber wenn man eine Runde Frühschoppen mit Werner Höfer mit einer Talkrunde bei Sabine Christiansen vergleicht, wird deutlich, wie sehr sich das Gesprächsklima in den letzten 50 Jahren verändert hat. Die Manege ist geblieben, aber das ist auch schon alles. In den fünfziger Jahren des 20. Jahrhunderts saßen jeden Sonntagvormittag sechs Journalisten zusammen, plauderten auf hohem Niveau über Weltpolitik, rauchten dabei und tranken deutschen Weißwein. Der Einzelne redete lange, mitunter bedächtig, und man unterbrach sich nicht gegenseitig. Werner Höfer musste keinen Dompteur mimen, weil keine menschlichen Raubtiere in seiner Manege saßen. Man benahm sich und wollte gemeinsam die Erkenntnisse vertiefen, hörte einander zu und beleuchtete ein Thema aus verschiedenen Perspektiven. Eine informative, aber etwas lahme Vorstellung – von heute aus betrachtet. Im Zirkusjargon eine echte »Pudelnummer«.

Inzwischen hat das Tempo gewaltig angezogen. Die »Pudel« haben sich in »Tiger« verwandelt, der Weißwein in Wasser. Man raucht nicht mehr, aber man unterbricht sich dafür – man spricht schneller, lauter, aufgeregter. Aus dem Gespräch ist der Talk geworden.

Und die heutigen Moderatoren sind Dompteure – sie müssen das Gespräch leiten und die Spannung halten, sie müssen in der gemischten Gruppe für Frieden sorgen und jedem Mitglied der Truppe zu seinem Auftritt verhelfen. Allerdings brauchen sie keine Kunststücke mit ihren Gästen einzuüben – die Gäste bringen ihre Kunststücke schließlich alle mit! Der TV-Dompteur muss nur dafür sorgen, dass der Anstand einigermaßen gewahrt bleibt und dass jeder auch einmal drankommt.

Wie man Alphatiere zur Räson bringt

Gibt es in der TV-Manege einen Privatstreit zwischen zwei Gästen, ist es die Aufgabe des Moderators, wie ein guter Dompteur für Ruhe und Ordnung zu sorgen. Er darf aber nicht dazwischenspringen oder gar dem einen oder anderen Recht geben. Dann würde er sich nämlich in den Streit einmischen. Er muss Inhaltliches außer Acht lassen und nur darauf bestehen, dass hier kein Streit stattfindet. Ende, aus! Danach kann man weiterreden.

Oft erlebt man, dass ein überforderter Moderator sich einem anderen Gast zuwendet und ihn befragt, während sich zwei andere noch lauthals streiten. Doch Ignorieren hilft bei diesen gewieften Medientieren überhaupt nichts. Bevor man sich einem anderen zuwendet, muss der Streit unterbunden und beendet werden. Wenn es nicht anders geht, mit dem Hinweis, dass für solche »Kunststücke« hier nicht die richtige Manege ist.

Niemals Schwäche zeigen

Wenn man ein solches Alphatier und begnadeten Medienlöwen wie Gerhard Schröder in der Manege hat, darf man auf keinen Fall Schwäche zeigen. Die berühmte Elefantenrunde anlässlich der letzten Bundestagswahl ist ein herrliches Beispiel dafür. Der »Löwe« Schröder *(siehe S. 207)* plusterte sich zum Chef der ganzen Veranstaltung auf und verkündete sogar seinen Sieg – und zwei Dompteure konnten ihn nicht bändigen. Ich bin froh, dass ich an diesem Abend nicht der Dompteur war, aber die Situation erinnerte mich sehr an meine Schlussnummer mit dem Löwen Sultan, dem ich die rote Karte zeigte. Sie erinnern sich? Man muss Alphatieren, die zu einem in die Manege kommen, immer wieder zeigen, wer dort der Chef ist. In ihrer Löwengruppe – oder in ihrer Partei, Fraktion oder ihrem Landesverband – können sie es ja sein, aber in der Manege bin ich es. Natürlich darf man sich bei einem Herrn Schröder niemals auf einen Kampf einlassen. Es hätte gereicht zu sagen: »Vielen Dank, wir haben Ihre Einschätzung gehört. Was ist Ihre Meinung dazu, Frau Merkel?« Nächste Nummer bitte!

Ein Dompteur darf in solchen Situationen weder anfangen zu argumentieren – denn das hieße, sich mit dem Löwen auf einen Schaukampf einzulassen – noch zu kommandieren. Er muss Respekt einfordern. Das ist alles. Wenn der Gast in der TV-Manege merkt, dass er öffentlich die Position seines Gastgebers angreift, wird er schnellstens einlenken. Denn damit verliert er jede Sympathie.

Niemand wird angegriffen

Moderatoren sollten sich außerdem einen Grundsatz zu eigen machen, ohne den kein Dompteur arbeiten kann: In der Manege ist kein Platz für Sticheleien und Bosheiten. Natürlich gibt es immer wieder »Mitarbeiter« – Tiere wie Menschen –, die mich ärgern wollen, aber die müssen sofort ausgebremst werden. Der Spaß, andere zu ärgern, darf nie Motivation oder Anlass zum Handeln sein – weder in der Manege noch im Privatleben oder im Beruf. Das Ziel muss es immer sein, auf ein anständiges Ergebnis hinzuarbeiten, nicht andere zu ärgern. Ich liefere ein perfektes Produkt ab, und da ist für Hickhack kein Platz. Wer keinen Respekt vor mir hat, ob Tier oder Mensch, den muss ich in die Schranken weisen oder mich von ihm verabschieden. Man ärgert niemanden nur zum Spaß. Ich lasse mich von keinem grundlos angreifen, aber ich selbst greife auch niemanden ohne Grund an. Und falls ich doch jemanden angreife, dann ist es mir auch ernst damit. Aus den USA kenne ich den Spruch: »Never draw a gun if you don't want to shoot.« Wenn man einen anderen bedroht, darf es keine leere Drohung sein. Wer das nicht beachtet, muss mit Konsequenzen rechnen.

Der Moderator Michel Friedman machte in seiner Talkshow *Vorsicht! Friedman* etwas, was ein moderner Dompteur niemals täte: Er gab den wilden Tierbändiger, drang ständig in die Intimsphäre seiner Gäste ein, reizte sie und stachelte sie an. Das war »Brot und Spiele« im Medienzeitalter, Unterhaltung aus der längst überwunden geglaubten Antike. In keinem Zirkus der Welt würde man eine solche Provokation heute noch aufführen.

Johannes B. Kerner *(siehe S. 230)* dagegen ist das Paradebeispiel eines besonreenen Moderators und Talkmasters, und vielleicht steckt in ihm sogar ein guter Dompteur. Aber das erfährt man leider nicht, denn er stellt sich seinen Tieren nicht in der Manege. Er verschanzt sich hinter seinem Schreibtisch und lässt die »Raubtiere« nach und nach antreten, ihre Kunststücke abliefern und wieder aогehen. Man kann ihm nicht vorwerfen, dass er seine Gäste nicht glänzen ließe, aber er stellt sich nicht daneben. Er bleibt ein Dompteur aus der Ferne.

Auf die richtige Mischung kommt es an

Sabine Christiansen und Maybrit Illner haben in ihren Sendungen den Aufbau der Manege übernommen. Sie platzieren ihre Gäste in unterschiedlichen Kreisradien, was aussagekräftig ist: Bei Sabine Christiansen haben die Gäste mehr Platz, bei Maybrit Illner sitzen die »Raubtiere« enger. Außerdem nimmt Sabine Christiansen immer ein paar Tiere mehr, was einer Zirkusnummer gewöhnlich stärkeren Glanz verleiht. Es ist eine alte Manegenweisheit: Die Menge macht es – nicht nur, aber auch. Natürlich ist die Auswahl der vorgeführten Tiere wichtig, sie findet in bestimmten Niveauklassen statt. Man kann in eine Nummer mit Tigern keine dressierten Hamster einbauen. Das würde die edlen, exotischen Raubtiere nur abwerten. Ähnliches passiert – symbolisch gesprochen – aber durchaus in manchen Talkshows, wenn Gäste mit deutlich unterschiedlichem Niveau eingeladen werden. Meist nähert sich dann das gesamte Niveau schnell dem niedrigsten an.

Man kann aber schon deshalb keine dressierten Hamster zusammen mit Tigern auftreten lassen, weil Letztere die Hamster einfach fressen würden. Doch genau so etwas kommt in Talkshows vor, und in der TV-Manege ist das auch erwünscht. Man muss nur an die unsäglichen Nachmittagstalks mit Themen à la »Hilfe, meine Frau ist lesbisch!« oder »Ich bin ein männliches Nummerngirl« denken. Außerdem sind bei solchen Gruppen die »Dompteure« nie mit in der Manege: Sie schlendern durch das Publikum und lassen es zu, dass sich die »Raubtiere« auf der Bühne zerfetzen. Eine peinliche Vorstellung.

In Sendungen wie *Das Philosophische Quartett* setzen die Moderatoren Rüdiger Safranski und Peter Sloterdijk schon mal Bergsteiger neben ihre vornehmlich akademisch hochgebildeten Gäste. Sehr beliebt sind aber auch politische Diskussionsrunden mit so genannten Menschen von nebenan, die Volkes Stimme erklingen lassen sollen – nur damit sie von den ebenfalls geladenen verantwortlichen Politikern und Behördenvertretern unter hohlen Wortkaskaden und Zahlenmüll wieder erstickt wird. Eines ist sicher: Zirkusdompteure würden solche Dressurgruppen niemals zusammenstellen.

Inwieweit die Rolle des Dompteurs auch von Lehrern, Chefs und politischen Führungsfiguren angenommen wird, überlasse ich Ihrer Fantasie. Es gab und gibt immer wieder ein paar große Volksdompteure, Demagogen und Menschenbändiger. Manche sind und waren perfekte Verführer, andere souveräne Redner. Inzwischen rücken die Medien den »großen Dompteuren«, wie beispielsweise Bill Clinton *(siehe S. 207)* einer war, immer mehr auf den Pelz, bis sie ihr Geheimnis verlieren und anfangen zu menscheln. In der Manege jedoch würde das bedeuten, dass der Dompteur Stock und Peitsche verliert und sich als schwächster Löwe unter Löwen wiederfindet. Auf seinem Grabstein könnte dann stehen: »Er begann als Dompteur und starb als Löwe.« Nicht sehr tröstlich.

Gegner in der Manege – oder Mitspieler?

Man kann in fast jeder Lebenssituation die Frage stellen: Was ist das Ziel – der Sieg des Einzelnen oder die gelungene gemeinsame Vorstellung? In der Politik stellt sich diese Frage besonders oft, und besonders oft erlebt man auch das politische Scheitern, weil die falsche Antwort gegeben wird.

Wenn Sie sich erinnern, war der Auslöser zu diesem Buch ein SPIEGEL-Titelbild, auf dem Angela Merkel *(siehe S. 225)* nach knapp gewonnener Wahl im Kreis ihrer alten und neuen politischen Freunde stand. Nun, man kennt ja die ironische Steigerungsform: Feind – Todfeind – Parteifreund. Das Wesen unserer Demokratie verlangt anscheinend nach komplizierten Mechanismen des politischen Aufstiegs und des Machterhalts. Dabei bleibt, so scheint es manchmal, die eigentliche Arbeit auf der Strecke – die Volksvertretung.

Wer in der Politik mitmischen will, muss sich für spätere Aufgaben ins Gespräch bringen, ständig kontrollieren, ob am eigenen Stuhl gesägt wird, Medienpräsenz zeigen und sich für künftige Kämpfe in Stellung bringen, die stärkste Hausmacht aufstellen oder ihr wenigstens angehören. Ein Politiker muss also viel Energie aufwenden für Dinge, die mit seinem eigentlichen Job, den Willen seiner Wähler zu vertreten, nichts zu tun haben. Einen Zirkus könnte man so niemals führen, und auch kein Unternehmen.

Der misslungene Auftritt

Vor Gericht ist man nicht im Zirkus. Diese schlichte Wahrheit musste auch der Deutsche-Bank-Chef Josef Ackermann im Mannesmann-Prozess erfahren, als er breit lächelnd den versammelten Journalisten mit dem Victory-Zeichen gegenübertrat. Nun wirkt bei einer Gerichtsverhandlung schon ständiges Lächeln etwas deplatziert, aber mit Winston Churchills Siegessymbol aufzutreten, war völlig daneben.

Ebenso unpassend wäre es, wenn ein Dompteur zu Beginn der Vorstellung mit weit ausgebreiteten Armen den Applaus abholen wollte. Wofür denn? Als Vorschuss etwa?

Ackermanns Auftritt hat seine gute Arbeit als Banker vermasselt und dazu das Bild seines Arbeitgebers beschädigt, denn die Öffentlichkeit beurteilt die Firma nach deren Boss. Ebenso bewerten die Wähler eine Regierung nach ihrem Chef und die Zirkusbesucher den Zirkus nach seinem Direktor.

Und wieder einmal bestätigt sich, wie wichtig der erste Eindruck ist. Das gilt für den Auftritt in der Manege ebenso wie für einen Auftritt in einer Talkshow, eine Theaterpremiere oder die Vorstellung eines neuen Kanzlerkandidaten. Da können der Inhalt des Parteiprogramms oder die geschliffene Rede noch so gut sein, die Körpersprache ist schneller – und gewichtiger. Wer mit hängenden Schultern und monotoner Stimme von neuen Aufbrüchen und einem Weg aus der Arbeitslosigkeit spricht, hat schon verloren.

So vermeiden Sie einen Flop

→ Bereiten Sie sich gründlich vor und überlassen Sie niemals Dritten die Zusammenstellung der »gemischten Raubtiergruppe«. Sie kennen Ihre »Raubtiere« am besten und wissen, wie jedes einzelne von ihnen tickt.

→ Kümmern Sie sich bereits im Vorfeld um Ihre Gäste. Sorgen Sie dafür, dass sie sich wohl fühlen. Treten Sie nicht erst in Erscheinung, wenn das Scheinwerferlicht angeht, sonst kann die ganze Show aus dem Ruder laufen.

→ Auch Profis trainieren jeden einzelnen ihrer Schritte immer wieder.

→ Nehmen Sie die Proben ernst und überlassen Sie nichts dem Zufall. Der Ablauf ist festgeschrieben, und alle haben ihm zu folgen. Jeder kennt seinen Platz. Keiner tanzt aus der Reihe.

→ Der Dompteur kommt immer pünktlich zur Vorstellung.

→ Während der gesamten Vorstellung müssen Sie Ihre »Raubtiere« ständig im Blick haben. Lassen Sie sich nicht vom Publikum ablenken. Gewiefte Exemplare könnten diesen Augenblick zu ihrem Vorteil nutzen und Ihnen die Show verderben.

→ Wenn etwas schiefgeht, haben Sie einen Fehler gemacht.

Das Problem der Politiker

Wie mit den großen politischen Herausforderungen unserer Zeit umgegangen wird – mag man sie nun Globalisierung, Neoliberalismus oder Turbokapitalismus nennen –, wirkt aus meiner

Sicht als Zirkusdirektor nicht selten wie eine schlechte Vorstellung. Und von einer gelungenen Vorstellung hat ein Zirkusdirektor Ahnung.

Immerhin hat das Volk in den letzten Jahren sehr schlechte Vorstellungen gesehen, inszeniert von Dompteuren der alten Schule, denen die Selbstinszenierung wichtiger war als eine gelungene gemeinsame Vorstellung. Ich weiß, dass ich das Bild der Manege nicht überstrapazieren sollte und dass man nicht alles als Zirkusparabel darstellen kann, aber gerade in der Politik richtet ein schlechter Dompteur das größte Unheil an. Wenn er in erster Linie darauf achtet, von welchem der ihn umgebenden »Raubtiere« (und hier denke ich eher an Parteifreunde und Koalitionskollegen als an politische Gegner) die meiste Gefahr für ihn ausgeht, wird er nicht viel im Sinne eines Volkvertreters bewegen können. Er wird ständig damit zu tun haben, seine »Kollegen in der Manege« zu beäugen und in Schach zu halten. Wenn er Pech hat, ist seine Energie schon damit erschöpft, vermeintliche Intrigen aufzudecken, Andersdenkende umzustimmen und zu verhindern, dass man an seinem Stuhl sägt oder ihm die imaginäre Peitsche wegnimmt.

Manchmal hat man fast den Eindruck, in der Politik drehe sich alles weniger um die drängenden Probleme des Landes als vielmehr um die Befindlichkeiten ganz spezieller Tierrassen – nämlich die von SPD-Löwen, CSU-Tigern sowie CDU-Bären. Die Dompteure unter der Reichstagskuppel – ratlos.

Politik in der Manege muss mehr bieten, als nur zu verhindern, dass sich die Raubtiere gegenseitig anfallen oder gar den Dompteur zum Straucheln bringen. Politik in der Manege muss eine gut durchdachte und sauber inszenierte Vorstellung sein, die das Publikum überzeugt – eine Vorstellung, für die man gern zahlt. Um im Bild zu bleiben: für die wir alle gern unsere Steuern zahlen.

Um das zu schaffen, muss man seine Ressourcen kennen. Was für ein Zelt hat man zur Verfügung, welche Tiere, welche Musik, wie groß ist die Manege, wie viele Zuschauer fasst das Zelt? Eine Nummer mit 20 Tigern in einer nur 20 Quadratmeter großen Manege und in einem 100-Mann-Zelt funktioniert ebenso wenig wie eine mit zwei alten Löwen in einem 2000-Mann-Zelt.

Auf die Politik übertragen sind die Tiere in der Manege Regierungsmitglieder, angeführt und trainiert von einem Bundesdompteur – das Publikum ist das Volk, denn es zahlt die Steuern. Nun kann man weder bei einer schlechten Regierungsarbeit noch bei einer schlechten Zirkusvorstellung sein Geld zurückverlangen. À la longue wird man den Zirkus mit dem schlechten Programm meiden. So weit trifft der Vergleich zu, denn eine Bundestags- oder Landtagswahl ist in diesem Sinn nichts anderes als die Chance, den Zirkus zu wechseln. Aber wenn alle Programme schlecht sind? Wenn alle Dompteure die gleiche, alte, langweilige Vorstellung bieten? Dann ist es im Zirkus doch schöner, denn hier herrscht das Gesetz des Marktes: Jeder versucht dem Publikum das Beste zu bieten.

Was man vom Chef in der Manege lernen kann

Auch auf die Wirtschaft lässt sich das Bild der Manege bis ins kleinste Detail übertragen, jedenfalls wenn man es dem Aufbau eines Unternehmens zugrundelegt. Ob es sich beim Dompteur um den Firmeninhaber oder einen Aufsichtsrat handelt, ist dabei nicht entscheidend. Er verkündet die Zielvorgaben, und die Belegschaft arbeitet mit ihm zusammen auf den gemeinsamen Erfolg hin. So sollte es jedenfalls in Firmen ablaufen. In der Manege ist das Ziel eine Performance. Das Produkt, das die Firma Zirkus herstellt, ist eine möglichst perfekte Vorstellung, die die Zuschauer begeistern soll. Medienunternehmen haben ähnliche Ziele, andere Firmen produzieren Schrauben, Tiefkühlkost oder Autos – aber grundsätzlich gelten ein paar Regeln für alle:

Meine vier bewährten Erfolgsregeln

→ **Regel Nr. 1:** Man kann nichts verkaufen, was keiner will.

→ **Regel Nr. 2:** Man muss seine Mitarbeiter als wichtige Ressourcen sehen – sie sind eben nicht jederzeit austauschbar.

→ **Regel Nr. 3:** Die Gesamtheit der Firma ist selten besser als ihr schlechtester Mitarbeiter.

→ **Regel Nr. 4:** Ein guter Lehrer erkennt die Fähigkeiten seiner Schüler und fordert sie, ohne sie zu überfordern.

Das alles sind Erkenntnisse, ohne die ich als Zirkusdirektor und Dompteur keine Saison überleben würde. Trotzdem scheint es mir, als überlebten manche Institutionen wunderbar viele Jahre und Jahrzehnte, obwohl sie – ja, vielleicht weil sie – nie eine Saison hatten.

Die Spielzeit eines Zirkusunternehmens folgt einem straff organisierten Plan, der minuziös eingehalten werden muss, sonst geht es pleite. Bei uns springt kein Feuerwehrfonds ein und keine Rückversicherung, wir können nicht mal eben die Mehrwertsteuer erhöhen oder »Tafelsilber verhökern«, um uns vor einem Konkurs zu retten. Dabei ist ein Zirkus ein Hightech-Unternehmen, das Nonplusultra unter den mittelständischen Unternehmen: Ein Zirkus ist polyglott, global, diversifiziert, und in ihm herrscht ein enormer Kooperations- und Harmoniedruck. Er ist immer auf Reisen und muss sich ständig neuen Anforderungen anpassen. Ein Zirkus kann sich keine Streiks und keine Auszeiten leisten. Das Geld für die Winterpause will während der Saison zusätzlich verdient sein. Außerdem muss ich Rücklagen schaffen, Investitionen machen, den Markt beobachten und immer on top sein.

Eine Firma, die von einem Zirkusdirektor geführt wird, kann nicht untergehen; das ist meine zugegebenermaßen nicht ganz unbescheidene Meinung. Und ich behaupte weiter, dass der Dompteur mit seiner Raubtiergruppe ein Kleinunternehmen darstellt, das nach denselben Regeln wie jede Firma funktionieren muss. Zuerst: Es muss Steuern zahlen, also muss es Gewinne machen. Nur jeden Abend das Geld – so wie es in romantischen Zirkusfantasien vorkommen mag – für Tierfutter und ein warmes Essen für den Dompteur zu verdienen, das ist zu wenig. Der Zirkus stellt etwas her: Unterhaltung. Dafür bedarf es einer akribischen Vorbereitung, vieler Jahre Arbeit und Training mit allen Beteiligten, eines erfahrenen Chefs und qualifizierter Mitarbeiter.

Wie man Dompteur wird, habe ich Ihnen schon erzählt, aber nun sollen Sie erfahren, wie man die richtigen Mitarbeiter für das Unternehmen »gemischte Raubtiergruppe« findet. Im Zirkus wird nichts dem Zufall überlassen. Wir machen es so, wie es früher alle Handwerksbetriebe und Firmen gemacht haben: Wir bilden selbst aus. Wir stellen junge, engagierte Menschen ein und bringen ihnen alles bei, was sie wissen müssen. Das hat zum einen den Vorteil, dass diese Angestellten das Unternehmen genau kennen – die speziellen Abläufe und alle Besonderheiten –, aber auch, dass sie sich mit der Firma identifizieren und sich als Teil einer Familie fühlen. Anders geht es im Zirkus nicht. Auch als Dompteur suche ich mir möglichst junge Tiere aus, deren Verhalten ich ausgiebig studiere, bevor ich sie kaufe. Ich gebe ihnen Zeit zur Eingewöhnung, ich baue langsam Vertrauen zwischen ihnen und mir auf und arbeite hart mit ihnen. Ich nehme mir Zeit – und ich gebe ihnen Zeit!

Der gelungene Auftritt

Die Fußballweltmeisterschaft 2006 in Deutschland war ein mitreißendes Ereignis und Anstoß für unendlich viele Analysen, in deren Mittelpunkt immer wieder der Bundestrainer der deutschen Nationalmannschaft stand. Jürgen Klinsmann, der introvertierte Fußballer, der schon immer nach eigenen Regeln lebte. Klinsi, der trotz des kumpelhaften Spitznamens so distanziert wirkte, der mediengewandte Wahlamerikaner, der sich immer wieder der deutschen Umarmung entzogen hatte, der scheinbar emotionsarme Taktiker, der ständig umstrittene Personalentscheidungen traf...

Aber eines wurde dabei meist übersehen, nämlich des Pudels Kern: Klinsmann ist ein moderner Dompteur, der ein gemeinsames Ziel in den Mittelpunkt stellte und nicht sich selbst. Natürlich nahm er den Beifall für das Abschneiden der deutschen Nationalmannschaft entgegen, aber eben als Teil der Gruppe, nicht als der große Zampano. Das Projekt WM 2006 war seine Zirkusvorstellung, und er arbeitete die Nummer akribisch und genau aus, etwa so wie ein Dompteur eine gemischte Raubtiergruppe mit weißen Tigern und Leoparden vorbereiten würde.

Klinsmanns Geheimnis

Motiviert hat der Bundestrainer seine »gemischte Raubtiergruppe« (eine Truppe aus hochkarätigen Kickern, die für viel Geld bei den besten Vereinen Europas spielen) nicht etwa, indem er ihnen die Idee einer perfekten gemeinsamen Vorstellung in die Köpfe hämmerte. Nein, er ließ in ihren Köpfen ganz langsam die Fantasie von erfolgreichen, niveauvollen Spielen entstehen, gegen Mannschaften wie Argentinien, Brasilien und Portugal. Er machte den überwiegend jungen Spielern klar, dass sie bei dieser Weltmeisterschaft tatsächlich eine Chance hätten, unter den ganz Großen mitzuspielen: wenn sie zu einer Mannschaft zusammenwachsen.

Doch damit seine Spieler zu einer erfolgreichen Mannschaft

zusammenwachsen konnten, hat Klinsmann dasselbe getan, was auch ein Dompteur tut, der eine Raubtiergruppe für die Manege zusammenstellt. Er hat die Spieler zunächst intensiv beobachtet, hat jeden Einzelnen auf seine Fähigkeiten am Ball und im Zusammenspiel mit anderen getestet, bis er ein genaues Bild von »seinen Raubtieren« hatte. Er hat einen Kevin Kuranyi nicht deshalb ausgeschlossen, weil der etwa keine Tore schießen kann – das kann er sehr wohl –, sondern weil er das in dieser Zusammenstellung von Mitspielern nicht so gut kann. Und er hat das Torwartduell nicht aus dem Grund angesetzt, weil er wissen wollte, wer denn der Bessere sei, sondern weil er nicht noch einen zweiten Dompteur auf dem Platz gebrauchen konnte. Ein Jens Lehmann passte in die Vorstellung, in seine Vorstellung, und ein Oliver Kahn eben nicht. Aus meiner Erfahrung kann ich sagen, dass ein guter Dompteur manchmal auf den schönsten und sprunggewaltigsten Tiger verzichten muss. Meist, weil er eben so sprunggewaltig ist und sich einer gemeinsamen Vorstellung nicht immer anpassen kann.

Das gemeinsame Ziel war also der gelungene Auftritt einer Mannschaft und keine Plattform für einzelne Stars, so wie es etwa die Dompteure der Mannschaften aus Brasilien und Argentinien im Sinne hatten.

Tiere & Typologien

Sind Sie ein Tiger oder eine Katze?

Im Zirkus leben Menschen vieler Nationen zusammen mit Tieren aus vielen Kontinenten – Pferden und Zebras, Bären und Elefanten, Löwen, Tigern und Leoparden. Alle Tiere sind Individualisten, und jedem von ihnen muss man sich auf eine andere Art nähern. Es gibt schüchterne Tiere und angriffslustige, es gibt Clowns, Genießer, Faulpelze und Schlaumeier. Es gibt auch Mörder, und die gilt es schnell zu erkennen. Mit ihnen kann man nicht arbeiten.

Wer – jenseits naiver Streichelromantik – Tiere liebt und mit ihnen arbeitet, merkt bald, dass jedes Tier einen eigenen Charakter hat. Wer Tiere nur aus dem Zoo kennt, fühlt meist nur Folgendes: Vor Elefanten hat man Respekt, vor Löwen Angst, vor Tigern Bammel, Bären unterschätzt man, und Leoparden sind einem unheimlich.

Dompteure wissen da etwas mehr. Sie kennen die Verhaltensmuster ihrer Tiere, sie wissen, wie sie ticken. Und sie übertragen die typischen Charaktereigenschaften ihrer Tiere machmal auf die Menschen. Ein Dompteur erkennt sofort, ob der Polizist, der ihn gerade angehalten hat, ein »Bär« oder ein »Hund« ist. Er würde auch merken, dass der Finanzbeamte ein »Elefant« ist und etwas mehr Zeit braucht, Vertrauen zu fassen – der Ober jedoch ein »hysterischer Leopard«, den man knapp und souverän ansprechen muss.

Finden Sie mit diesem Test heraus, ob Sie ein »Tiger«, ein »Bär« oder ein »Hund« sind. Was ist Ihr Chef? Vielleicht ein »Elefant«? Und warum klappt es mit dem Kollegen nicht? Vielleicht, weil er ein »Leopard« ist. Nehmen Sie einmal die

Perspektive eines Dompteurs ein und entdecken Sie das Tier im Menschen.

Test: Welches Tier sind Sie?

Und welches Tier ist Ihr Partner, Ihr Kind, Ihr Vorgesetzter, Ihr Kollege...? Sieben Tiere stehen zur Auswahl, von denen fünf klassischerweise in jeder guten Zirkusmanege zu finden sind: Tiger, Löwe, Elefant, Bär und Leopard – und außerdem zwei Alternativen: Hund und Katze, denn nicht jeder von uns ist zum Raubtier oder zum Exoten geboren. Lassen Sie sich auf das unterhaltsame Spiel ein, das eigene Wesen (oder das eines anderen) mit Tierprofilen zu vergleichen. Vielleicht verstehen Sie sich und andere über diesen Umweg ja besser – und eventuell finden Sie über die folgenden Typologien auch Wege, nachsichtiger mit sich und anderen umzugehen, zu kommunizieren oder Konflikte zu lösen.

Test

1. Ihr Chef kritisiert Sie vor Ihren Kollegen, Ihrer Meinung nach übertrieben hart und noch dazu ungerecht. Wie reagieren Sie??

● Ich schweige, aber diese Kritik vergesse ich nie. Ich werde es ihm ewig nachtragen – und irgendwann wird sich einmal die Gelegenheit ergeben, es ihm heimzuzahlen.

◆ Ich werde spitz und frage ihn, ob er seine Position nicht vielleicht etwas überschätzt.

○ Ich nicke ergeben und verspreche, es in Zukunft besser zu machen.

✖ Ich kündige.

➤ Ich antworte ihm, dass ich die Kritik ungerecht finde und den Ton ungehörig.

❯ Ich gebe im selben Ton zurück und fange vor versammelter Mannschaft einen ordentlichen Streit mit ihm an.

❒ Ich warte, bis er draußen ist, dann mache ich mit den Kollegen ein paar Witze über ihn.

2. Wo fühlen Sie sich am wohlsten?

❯ In einem Haus mit viel Ausblick.

❒ In einer gemütlichen Wohnung mit großer Essküche.

◆ In einem Baumhaus.

● Egal, mir gefällt's überall.

➤ In einer großzügigen Penthouse-Wohnung.

○ In einer Blockhütte.

✖ In einer schicken Maisonette-Wohnung.

3. Ein Kollege versucht, Ihnen eine unangenehme Arbeit zuzuschieben, die eigentlich seine wäre. Wie reagieren Sie?

➤ Ich sage einfach Nein.

❯ Ich fahre ihn an, was er sich eigentlich dabei denkt.

❒ Ich tue ihm den Gefallen, weil ich das sowieso schneller erledige als er, und lasse mich dafür von ihm zu einem Drink einladen.

● Ich übernehme die Arbeit, weise ihn aber künftig des Öfteren darauf hin, dass das eigentlich seine Aufgabe gewesen wäre.

◆ Ich frage ihn, ob er nicht im Gegenzug eine meiner lästigen Pflichten übernehmen möchte.

○ Ich übernehme die Arbeit.

✖ Ich nehme die Arbeit an, lasse sie aber liegen und ignoriere sie.

4. Was würden Sie aus dieser Speisekarte wählen?

◆ Sushi

● Eintopf mit Speck

○ Gulaschsuppe

✖ Räucherlachs

➤ T-Bone Steak mit Pommes frites

◗ Lammrücken blutig

❐ Bratwurst mit Kartoffelsalat

5. Fühlen Sie sich oft von anderen missverstanden?

➤ Keine Ahnung.

◆ Ja, aber ich wiederhole meine Botschaft dann so oft, bis man mich versteht.

○ Ja. Und das macht mich traurig.

✖ Ja. Und das ist mir egal.

◗ Ja, aber das ist nicht mein Problem.

❐ Nein, ich komme mit jedem prima aus.

● Wenn mich jemand nicht versteht, werde ich ihn ignorieren.

6. Wie sieht ein perfektes Wochenende bei Ihnen aus?

◆ Shoppen, ein exklusives Essen und danach ins Theater.

● Gemütlich entspannen, fernsehen, viel Spaß haben.

○ Schlafen, fernsehen, Freunde treffen.

✖ Allein um die Häuser ziehen.

➤ Viel Sex, viel Essen, viel Ruhe.

◗ Aufregende Erotik, spannende Spiele.

❐ Party, Party, Party.

7. Welche ist Ihre Lieblingsstadt?

➤ Rom

◗ New York

❐ Berlin

◆ Paris

● Köln

○ München

✖ Amsterdam

8. Wie reagieren Sie, wenn Sie wütend werden?

◆ Ich werde noch ein paar andere wütend machen.

○ Ich werde mich an ein paar Schwächeren rächen.

✖ Ich werde fauchend weglaufen.

➤ Ich brülle alle an.

◗ Dann fliegen die Fetzen.

❐ Dann werde ich schon mal laut.

● Ich bleibe äußerlich ruhig, aber ich koche innerlich umso mehr.

9. Wovor haben Sie am meisten Angst?

❐ Mich vor meinem Partner zu blamieren.

● Mich in der Öffentlichkeit zu blamieren.

◆ Vor unvermittelten Aggressionen.

➤ Fällt mir nichts ein.

◗ Nur vor Naturgewalten.

○ Zuneigung zu verlieren.

✖ Vor der Gefangenschaft.

10. Was ist Ihnen an einer Partnerschaft am wichtigsten?

❒ Dass Harmonie herrscht.

○ Dass wir zusammen viel Spaß haben.

● Dass ich mich wohl fühle.

◗ Dass wir im Bett gut zusammenpassen.

➤ Dass sich der andere um mich kümmert.

◆ Dass wir zusammen eine aufregende Zeit haben.

✖ Dass wir eine Familie gründen.

11. Welche Sportart liegt Ihnen am meisten?

◗ Marathon

➤ Schwimmen

◆ Asiatischer Kampfsport

✖ Joggen

❒ Boxen

○ Fußball

● Kraftsport

12. Wie lösen Sie Konflikte mit anderen?

❒ Ich warte, bis sich der Konflikt von selbst löst.

○ Ich warte ab, bis der andere auf mich zukommt.

● Ich gehe darüber hinweg, aber ich vergesse es nicht.

❭ Ich suche sofort die Konfrontation.

➤ Ich stelle meinen Gegner und mache ihm meine Position klar.

◆ Ich werde im Hintergrund den Konflikt weiter anheizen.

✖ Ich werde laut und trage den Streit offen aus.

13. Sind Sie eifersüchtig?

➤ Nein.

❭ Nur einmal im Jahr.

❐ Ja, und dann werd ich eklig.

◆ Das kommt manchmal ganz plötzlich.

● Ich kann mich jedenfalls nicht erinnern, es je gewesen zu sein.

○ Ja, auf jeden und auf jede.

✖ Selten – und dann nur kurz.

14. Welche Ihrer Eigenschaften würden Sie am liebsten ablegen?

● Mein nachtragendes Gedächtnis.

○ Meinen blinden Gehorsam.

✖ Mein Fluchtverhalten.

➤ Keine.

❭ Meine cholerische Ader.

❐ Meine Gutmütigkeit.

◆ Meine Sprunghaftigkeit.

15. Womit kann man Sie aufregen?

● Krach.

○ Mit plötzlichen Überraschungen.

✖ Naturkatastrophen.

➤ Mit erotischer Ausstrahlung.

◗ Wenn Gefahr in der Luft liegt.

❐ Da muss schon viel passieren.

◆ Ich bin ständig aufgeregt.

Auflösung

Das Symbol, das Sie bei diesem Test am häufigsten angekreuzt haben, steht für Ihr Tier. Es entsprechen:

❐ Bär	◯ Hund	◆ Leopard	◗ Tiger
● Elefant	✖ Katze	➤ Löwe	

Der Dompteurblick

Die meisten Menschen sind Mischtypen. Es kann also sein, dass bei Ihnen zwei Symbole dominieren. Vielleicht sind Sie eine Tiger-Katze oder ein Löwen-Bär? In diesem Fall lesen Sie die Beschreibungen beider Tiere. Eine Kombination wie Tiger-Hund oder Leoparden-Elefant jedoch ist fast unmöglich. Im menschlichen Zusammenleben treffen häufig Charaktere aufeinander, die sich als Tiere in freier Wildbahn nur schlecht vertragen. Doch kommt man besser miteinander aus, wenn man weiß, warum der andere so ist, wie er ist, und wie man am besten mit ihm kommuniziert. Auf diese Weise kann man typische Missverständnisse vermeiden, Konflikte entschärfen und grundsätzlich das Klima verbessern.

Löwen

Die selbstbewussten Souveräne

Man nennt sie zu Recht Könige der Tiere. Kaum ein Tier hat so viel Mut. Und wenn ein Löwe erst mal in Fahrt ist, kann ihn nichts und niemand stoppen. Er ist nach dem Tiger die größte Großkatze. Ein Löwenmännchen kann bis zu 190 Zentimeter lang werden, dazu kommt noch der bis zu einem Meter lange Schwanz. Mit einer Schulterhöhe von etwa 120 Zentimetern und einem durchschnittlichen Körpergewicht von bis zu 300 Kilo ein beeindruckendes Kraftpaket. Löwen sind interessiert und verspielt, aber sie werden einer Sache auch schnell überdrüssig. Sie können in einem Moment ein tobendes Energiebündel sein und im nächsten schnarchend am Boden liegen. Löwen sind Familientiere. Die Weibchen kooperieren, jagen im Verband und lassen dem Männchen den Vortritt beim Fressen. Die Biologie kennt keine »political correctness«.

Menschliche Löwen

Wenn Sie selbst ein Löwe sind, werden Sie sich kaum Gedanken darüber machen, wie Sie auf andere wirken und ob Sie etwa im Zusammenleben und -arbeiten einmal einen falschen Ton anschlagen. Als Elternteil, Lehrer und Chef sind Sie eine gute Besetzung – als Untergebener, Kollege oder Jugendlicher (bis zum Ende der Pubertät) werden Sie es nicht ganz leicht haben. Eine Position am unteren Ende des Treppchens einzunehmen, widerspricht Ihrem Naturell, und daraus können sich leicht Konflikte ergeben. Es ist aber nur ein Missverständnis, wenn Sie als Schüler oder Angestellter den Anschein erwecken, Sie wären eigentlich der Chef.

Löwen können nicht diplomatisch sein, sie müssen immer die Wahrheit sagen und reagieren schnell und spontan. Was sie auch tun, sie tun es laut und für alle anderen deutlich sichtbar. Sie sind nett und kumpelhaft, lachen gern und haben eine ausdrucksvolle Mimik und Gestik. Ihr Selbstbewusstsein ist erstaunlich groß.

Löwenpartner

Beruflich wie privat mag der Löwe alle, die so sind wie er – nur dürfen sie nicht ganz so großartig sein. Löwen kommen mit so ziemlich allen anderen Charakteren aus (wenn diese sie nicht zu beherrschen versuchen), außer mit dem typischen Tiger. Dessen Einzelgängermentalität und seine ständig spürbare Hochspannung wirken unheimlich und verwirrend auf sie. Für Hunde ist der Löwe der perfekte Rudelführer, für Katzen ein anbetungswürdiges Vorbild. Er ist ein Vertrauter des Elefanten und ein Kumpel und Freund des Bären, für Leoparden jedoch ein deutliche Warnung.

Prominente Löwen

Löwen im Menschenkostüm sind (oder waren) Madelaine Albright, Senta Berger, Dieter Bohlen, Bill Clinton, Sean Connery, Queen Elizabeth II und ihr Prinzgemahl Philipp, Hannelore Elsner, Joschka Fischer, Mick Jagger, Udo Jürgens, Milva, Tobias Moretti, Gerd Schröder und Franz Josef Strauß.

Löwenchefs

Sie sind im Allgemeinen ruhig und entspannt, lassen gern andere die Arbeit machen, können gut delegieren und wissen genau zwischen Wichtig und Unwichtig zu unterscheiden. So nett sie sind, wenn alles klappt, so unerbittlich werden sie, wenn Untergebene Fehler machen oder sie gar zu betrügen versuchen. Der Löwenchef schlägt dann eisenhart zu, oft überzogen, manchmal sogar jenseits aller guten Manieren. Man sollte nie versuchen, gegen einen Löwen eine heimliche Koalition zusammenzustellen – das könnte schlimm enden.

Menschliche Löwen können ihre Qualitäten besonders gut als Verantwortungsträger in Politik und Wirtschaft beweisen, als Mediziner oder Banker, aber auch als Vorstand eines Vereins und im mittleren und gehobenen Beamtendienst. Im Dienstleistungssektor sind sie meist eine Fehlbesetzung.

Löwenattacken und die Abwehr

Wenn ein menschlicher Löwe angreift, tut er das nicht ohne Vorwarnung. Knurren, Brüllen und sich Aufplustern gehören zu seinem Standardrepertoire. Er liebt Gegner, die nicht sofort weglaufen, die sich das Gebrülle länger anhören und sogar ein wenig gegenhalten. Was er nicht mag, sind Leute, die genauso laut zurückbrüllen.

Wer also von einem menschlichen Löwen angegriffen wird, sollte seine Zeit nicht mit Argumenten oder Entschuldigungen vergeuden. Flucht ist die einzig richtige Strategie.

Bringen Sie Zeit und Abstand zwischen sich und den Löwen, und lassen Sie seinen Zorn verrauchen. Das geht meist sehr schnell. Später versöhnen Sie ihn mit freundlichen Worten und kleinen Aufmerksamkeiten. Dann ist der Löwe Ihren Argumenten gegenüber offen und kann sich auch für seine Fehler entschuldigen, denn er ist ebenso angriffslustig wie großzügig.

Lebensweisheiten der Löwen

Wird schon klappen, hat bisher immer geklappt.
Wieso sollte uns die Konkurrenz zuvorkommen?
Wir sind unschlagbar.
Abwarten und Tee trinken.
Wir nehmen einfach meine Idee.

Konferenz der Löwen

Eine Löwenkonferenz zeichnet sich durch Gebrüll aus. Der Lauteste redet am meisten, keiner in der Runde denkt daran, den anderen ausreden zu lassen, niemand kümmert sich um das Thema – trotzdem sind am Ende alle der Meinung, es wäre eine effektive Runde gewesen. Wer Ergebnisse erwartet, sollte sie sich nicht von einer Löwenkonferenz erhoffen. Mehr als einen menschlichen Löwen verträgt keine Sitzung, und der sollte möglichst das Sagen haben.

Löwenlösungen

Probleme löst der Löwe mit dynamischer Pranke. Egal, welche Richtung er auch einschlägt – die Schwierigkeit existiert nicht mehr, nachdem er sich ihrer angenommen hat. Entweder er hatte tatsächlich Erfolg, oder er ändert einfach seine Sichtweise. Alle, die einen Löwen beim Krisenmanagement beobachten, müssen zugeben, dass er diese Technik meisterhaft beherrscht. Und dass eine »gefühlte« Problemlösung besser ist als keine.

Löwenargumente

Das haben wir immer schon so gemacht.
Hat jemand etwa einen besseren Gedanken als ich?

Tiger

Die cholerischen Einzelgänger

Tiger sind die größten und stärksten Raubkatzen der Erde. In ihnen hat sich Temperament perfekt mit Eleganz und Kraft verbunden. Sie sind Einzelgänger, die durch riesige Jagdreviere schleichen. Sibirische Tiger etwa beanspruchen ein Revier von bis zu 250 Quadratkilometern. Sie sind gewandter und katzenhafter als Löwen. Tiger sind introvertiert, immer wach und angespannt. Sie scheinen bei einer Beute oder einem Gegner fast spielerisch den Schwachpunkt zu finden, bis sie schließlich blitzschnell zuschlagen. Wenn ein Tiger etwas in seinen bis zu zehn

Zentimeter langen Krallen hat, lässt er es nicht mehr los, und irgendwann folgt dann der tödliche Nackenbiss.

Menschliche Tiger

Menschliche Tiger sind verschlossen und emotional sprunghaft, und sie gehören trotz ihres dynamischen Auftretens zu den Personen mit geringerem Selbstbewusstsein. Sie beobachten und kontrollieren sich ständig selbst – aber auch alle anderen. Entspannt sind sie nur, wenn sie allein sind. Es gibt wenige Menschen, denen sie vertrauen, und es dauert lange, bis sie sich Fremden gegenüber öffnen. Menschliche Tiger können ihre Qualitäten besonders gut als Selbstständige, als Chefs in mittelständischen Unternehmen, in der Politik und beim Militär unter Beweis stellen. Auf dem Dienstleistungssektor sind sie meist eine komplette Fehlbesetzung.

Tigerpartner

Ihr Verhältnis zu Löwen ist gespannt, sie beneiden sie um ihre fröhliche Selbstsicherheit. Leoparden misstrauen sie zutiefst, Bären und Elefanten sind für sie nützliche Hilfskräfte und Katzen nette Wesen, die man nicht ernst zu nehmen braucht. Gegenüber Hunden besteht eine völlige Abneigung, trotzdem umgeben sie sich mit ihnen häufig als treue Hilfskräfte.

Prominente Tiger

Tiger im Menschenkostüm sind dynamische Machertypen wie Tony Blair, Steffi Graf, Gregor Gysi, Jörg Haider, Madonna, Hermann Maier, Dirk Nowitzki, Michael Schumacher und Alice Schwarzer.

Tigerchefs

Mit einem Tiger als Chef ist das Leben nicht leicht. Sie sind zackig und aggressiv, sie greifen schnell und ohne Vorwarnung an und vertragen es nicht, wenn man anderer Meinung ist als sie. Zuerst verurteilen sie einmal alles, was nicht ihren Vorstellungen entspricht. Sie sind cholerisch und laut, argumentieren gern unsachlich und haben manchmal sogar schlechte Manieren. Oft leiden sie an geringem Selbstbewusstsein, was man leicht an ihrer starren Mimik, der lauten Stimme und den abrupten Gesten erkennen kann.

Tigerattacken und die Abwehr

Wenn ein menschlicher Tiger angreift, tut er es blitzschnell und ohne Vorwarnung – oft sogar mit freundlichem Lächeln. Tiger haben keine Freude an der Attacke. Deshalb erfolgt der Angriff mit aller Gewalt. Der erste Schlag muss tödlich sein. Ein cholerischer Tiger ist ebenso eine Tautologie wie ein weißer Schimmel.

Eine falsche Beruhigungsgeste gegenüber einem Tiger kann schnell eine neue Attacke auslösen. Warten Sie ab, bis der Dampf raus ist. Es hat keinen Sinn, auf unsachliche Argumente hinzuweisen oder sich gar als beleidigt zu erkennen zu geben. Am leichtesten beruhigt sich der Tiger wieder, wenn Sie seine Argumente wiederholen und unauffällig ein eigenes mit einflechten. Wenn man dem Tiger eigene Ideen als seine unterschiebt, wird er sie gern akzeptieren. Suchen Sie nie in der Gruppe den Konflikt, sondern warten Sie, bis Sie den Tiger in der Umgebung, in der er sich sicher fühlt, zu einem Zweiergespräch treffen können.

Lebensweisheiten der Tiger

Trau keinem. Auch keinem Tiger.
Der Starke ist am mächtigsten allein.
Überraschung ist der beste Angriff.
Erst zuschlagen, dann verhandeln.
Angriff ist die beste Verteidigung.

Konferenz der Tiger

Eine typische Tigerkonferenz ist grundsätzlich zum Scheitern verurteilt, wenn nur Tiger daran teilnehmen. Man wird sich mehr oder weniger belauern, seine eigenen Vorstellungen nur vorsichtig vortragen und dem anderen nicht zuhören. Ist nur der Chef ein Tiger, wird er alle Einwände und Argumente niederbügeln, bis das Ergebnis am Ende so aussieht wie seine Eröffnungsrede. Die Beteiligten werden sich fragen, warum man überhaupt eine solche Sitzung besucht hat. Ganz einfach: weil die Tiger sich gerne brüllen hören.

Tigerlösungen

Probleme lösen menschliche Tiger auf eine sehr moderne Art:
Sie schlagen zu, wenn es der andere am wenigsten erwartet.
In der Wirtschaft führt man mit dieser Strategie feindliche
Übernahmen durch, in der Politik entfernt man so missliebige Personen aus der Regierung. Am wohlsten fühlen sich
Tiger in Menschengestalt als Präsidenten einer Bananenrepublik oder als Vorstandsvorsitzende eines internationalen
Konzerns.

Tigerargumente

Ich habe immer Recht.
Wieso sollte ich mir Gedanken über Ihre Gedanken machen?
So wird's gemacht, und damit basta!
Sorry, aber Sie sind mir zu nahe gekommen!
Man muss nicht Recht haben, man muss es sich nehmen.

Leoparden

Die nervösen Jäger

Leoparden sind Löwen und Tigern grundsätzlich ähnlich, aber
leichter und akrobatischer. Die Raubkatze mit dem wunderschön gefleckten Fell ist ein gewandter und schneller Jäger.
Auch der Schwarze Panther gehört zu den Leoparden. Löwen
und Tiger sehen Leoparden in der Manege nicht als gleichbe-

rechtigt an. Leoparden haben oft einen zickigen und kratzbürstigen Charakter, stehen immer unter Strom und sind enorm temperamentvoll.

Menschliche Leoparden

Man kann beim Anblick dieser aktiven und kreativen Menschen auf den ersten Blick kaum glauben, dass sie eigentlich schüchtern und misstrauisch sind. Leoparden machen immer eine gute Figur, treten elegant auf und hinterlassen einen nachhaltigen Eindruck. Obwohl sie sich am liebsten von jeder öffentlichen Aufmerksamkeit fernhalten würden, können sie einfach nicht unauffällig sein. Tatsächlich wohnen zwei Seelen in der Brust des menschlichen Leoparden – auf der einen Seite sucht er das Scheinwerferlicht, auf der anderen erschrickt er, wenn es plötzlich auf ihn gerichtet ist. Leoparden sind Zögerer, verschließen sich in Mimik und Gestik, aber sie sind nicht cool, sondern nur angespannt. Obwohl sie leicht erregbar und streitlustig sind, vermeiden sie den offenen Schlagabtausch. Sie sind konfliktscheu, aber sie können Konflikte anheizen.

Als Kollegen sind Leoparden ebenso unterhaltsam wie anstrengend, als Partner lebhaft und hingebungsvoll, aber auch leicht beleidigt und eifersüchtig. Sie sind eitel, elegant und temperamentvoll.

Unter Leoparden findet man besonders viele Selbstständige – Kreative und Künstler, Journalisten und Autoren, Modemacher und Schauspieler. Handwerk und Verwaltung sind keine Betätigungsfelder für typische Leoparden.

Leopardenpartner

Der Leopard findet alles anziehend, was Exklusivität besitzt. Er mag Tiger, weil sie stark und sprunghaft sind, er mag Löwen, weil sie so souverän und gelassen sind, und er vergöttert andere Leoparden, weil sie so elegant und verspielt sind wie er selbst. Mit allem »Normalen« kann und will er nichts anfangen: Elefanten und Bären sind ihm zu oberflächlich, Hunde zu spießig und Katzen zu zahm.

Prominente Leoparden

Leoparden im Menschenkostüm sind etwa Boris Becker, Roger Federer, Verona Feldbusch, Udo Jürgens, Heidi Klum, Niki Lauda, Jan Ullrich, Otto Waalkes, Guido Westerwelle und Claudia Schiffer.

Leopardenchefs

Leoparden eignen sich als Chefs höchstens in einer Ich-AG. Ihnen fehlt die Souveränität und das Selbstbewusstsein eines Chefs. Bei Unterhaltungen schweigen sie gern und scheinen sich gegen den Gesprächspartner abzuschließen. Menschliche Leoparden arbeiten meist mit wenig Mimik, haben eine in sich gekehrte Körperhaltung und einen abgewandten Blick. All das sind keine guten Voraussetzungen für vertrauensvolle Gespräche. Schweigen ist für sie überhaupt ein starkes Thema. Manchmal schweigen sie, um andere auflaufen zu lassen, manchmal, um erst alle Argumente zu hören, manchmal setzen sie geheimnisvolles Schweigen als Zeichen der Überlegenheit ein. Grundsätzlich sind sie misstrauische und nervöse Chefs, und sie dürfen sich nicht beklagen, wenn ihre Untergebenen ihnen möglichst aus dem Weg gehen.

Leopardenattacken und die Abwehr

Wenn ein Leopard angreift, tut er das meist aus dem Hinterhalt. Oft merkt man nicht einmal, dass er es war, der zugeschlagen hat. Menschliche Leoparden sind Meister der Intrige und Verschwörung. Sie werden sich nie selbst die Finger schmutzig machen oder sich auf einen offenen Schlagabtausch einlassen.

Einen menschlichen Leoparden muss man nicht abwehren, weil er nur im äußersten Notfall – und auch dann nur sehr dezent – angreifen wird. Wenn man aber das Gefühl hat, dass er durch ein Vorkommnis im Beruf oder Privatleben verletzt worden ist, sollte man ihn behutsam zu einem Gespräch unter vier Augen animieren. Dabei muss man dem Leoparden das Gefühl von Sicherheit und Zuwendung geben, sonst wird er sich nicht öffnen.

Lebensweisheiten der Leoparden

Nur nicht auffallen, aber das mit Stil.
Alles von einer hohen Warte aus betrachten.
Gute Deckung ist das Wichtigste.
Immer erst dann angreifen, wenn der Sieg wirklich hundertprozentig sicher ist.

Konferenz der Leoparden

Eine reine Leopardenkonferenz ist selten, dazu sind diese Typen in Firmen zu rar gesät. Als Sitzungsleiter ist der Leopard eine Fehlbesetzung, denn er misstraut grundsätzlich jedem Beteiligten und würde am liebsten nur eine Ein-Mann-Konferenz abhalten. Als Teilnehmer kann er den typischen Sichtweisen intelligente und kreative Perspektiven entgegensetzen. Er sollte sich aber hüten, seine Vorschläge so distanziert vorzubringen, dass alle anderen ihn als arrogant oder inkompetent empfinden.

Leopardenlösungen

Probleme geht der Leopard sehr vorsichtig und zögerlich an. Er beobachtet sie lange, möglichst aus unterschiedlichen Perspektiven. Dann macht er einen blitzartigen Vorstoß, der meist in einer halbherzigen Aktion endet, die das Problem aber wenigstens berührt hat. Der Leopard zieht sich dann zurück, um das Problem aufs Neue zu beobachten – vielleicht hat es sich ja wenigstens verändert.

Leopardenargumente

Es geht immer alles zu langsam.
Wenn die anderen anfangen, bin ich schon fertig.
Warum sind nur alle um mich herum so einfallslos?
Was ist das nur für ein lahmer Haufen!

Bären

Die gutgelaunten Besserwisser

Alle Bären gleichen sich in ihrem Körperbau: Sie sind stämmig, haben einen großen Kopf, kleine Augen, runde, aufrecht stehende Ohren und kurze, aber sehr kräftige Gliedmaßen. Bewaffnet sind sie mit 40 scharfen Zähnen und 20 nicht einziehbaren Krallen, fünf an jedem Fuß. Alle Bären sind Sohlengänger. Bären sind extrovertiert, kräftig und verspielt. Sie leben nach der Devise »Wo ist das Klavier, ich trag's mal eben raus!«. Bären werfen sich gerne in die Brust, sind immer hellwach und ein bisschen zappelig, wippen immer auf den Füßen und treten ungeduldig von einem Bein aufs andere. Doch man sollte sich durch ihre aufgeweckte und possierliche Art nicht täuschen lassen – wenn sie sich in die Enge getrieben fühlen, können sie blitzschnell angreifen. Daher gehören sie zu den gefährlichsten Säugetieren überhaupt.

Menschliche Bären

Sie sind vor allem eines: menschlich. Unter ihnen gibt es lautstarke und vorlaute Angeber, die mit Halbwissen glänzen wollen, Schwächere niedermachen und ihnen das Wort abschneiden – aber auch die immer gut gelaunten Kollegen, die emotionalen Haltegriffe und Spaßmacher, die das Leben einfacher und schöner machen. Bären werden sich allerdings selten mit dem Chef anlegen, sie werden lieber kuschen als aufbegehren. Bären wollen geliebt werden. Wahrscheinlich haben deshalb so viele von ihnen eine Profilneurose, denn der Wunsch nach Ansehen kollidiert mit dem typischen Phlegma eines menschlichen Bären. Gemütlich wirkt ein Bär deswegen, weil ihm meist der Mumm zum Angriff oder zur eigenen Meinung fehlt. Bären sind nett, aber ihre schlechten Manieren und ihr Hang zu endlosen Monologen machen sie auch zu anstrengenden Bekanntschaften.

Menschliche Bären können ihre Qualitäten besonders gut in Bürogemeinschaften einbringen. Sie sind typische Angestellte in mittelständischen Unternehmen oder im öffentlichen Dienst. Andere Betätigungsfelder finden sie im Dienstleistungssektor; Bären sind begeisterte Kneipiers und Köche, aber auch Handwerker, Lehrer und Sozialarbeiter – jedoch selten Kreative oder Selbstständige.

Bärenpartner

Bären verlassen sich auf ihr Bauchgefühl. Also sind Beziehungen, beruflich wie privat, kumpelhaft und sehr intim. Abgesehen von menschlichen Leoparden »kann« der Bär mit jedem, am besten kommt er mit seinesgleichen aus. Wer einen Bären zum Freund hat, der hat einen echten Kumpel an seiner Seite. Der Bär ist ein begeisterter Kneipengänger und Karnevalist, kann aber auch ein fanatischer Boxfan und Krakeeler sein.

Prominente Bären

Bären im Menschenkostüm sind zum Beispiel DJ Bobo, Ottfried Fischer, Oliver Kahn, Roland Koch, Manfred Krug, Hella von Sinnen, Zinedine Zidane und Jean Ziegler.

Bärenchefs

Mit einem Bären als Chef hat man ein angenehmes Leben. Menschliche Bären haben eindeutige Prioritäten: Zuerst muss die Atmosphäre stimmen. Wenn dazu noch die Arbeit gemacht wird, ist alles gut. Bärenchefs kontrollieren nicht gern, sie delegieren lieber, und sie hassen lange Meetings, dafür lieben sie ausgedehnte Geschäftsessen. Als Chefs sorgen sie für angenehme Stimmung, um den reibungslosen Betriebsablauf müssen sich andere kümmern. Neben dem Löwen ist der Bär der beste Chef, aber er ist auch als Lehrer und Kollege eine gute Wahl.

Bärenattacken und die Abwehr

Bären wollen eigentlich nur ihre Ruhe haben und würden Kämpfe am liebsten vermeiden. Sie greifen nur an, wenn ihnen nichts anderes übrig bleibt, dann aber auch nicht so unvermittelt wie Tiger. Die meisten Bären führen erst einen Scheinangriff aus, um dem Gegner zu zeigen, dass sie es ernst meinen und ihm eine Chance geben, sich noch rechtzeitig aus dem Staub zu machen. Erst wenn der andere nicht reagiert, greift der Bär wirklich an. Wenn ein menschlicher Bär attackiert, tut er das mit großem Pomp. Er zelebriert den Angriff, und bildlich gesprochen lässt er dabei Fanfaren blasen und trommelt sich an die Brust.

Für Bären ist ein solcher Angriff auch ein Riesenspaß. Allerdings sollte man sich nicht täuschen lassen: Auch wenn die Bären dabei beste Laune haben, nehmen sie die Aggression ernst. Das ist das große Wunder des Bärencharakters, dass Spaß und Ernst so nahe beieinanderliegen.

Die Gegenstrategie bei einem Angriff durch einen echten wie durch einen menschlichen Bären ist die gleiche. Bleiben Sie ruhig, bewegen Sie sich nicht, stellen Sie sich tot. Dann verlassen Sie langsam das Revier des Bären, bis er sich wieder sicher fühlt. Menschen mit bärenhaftem Charakter muss man erst die Chance geben, sich wieder zu beruhigen, bevor man sie kritisieren kann. Dann sollte man durch klare Argumente ihren Redefluss stoppen. Nachdem sie gern Schwächere angreifen, darf man Bären auch vor anderen zurechtweisen und auf anständigen Manieren bestehen.

Lebensweisheiten der Bären

Nur nicht auffallen.
Erst mal eine Nacht darüber schlafen.
Es riecht gut, also muss es auch gut schmecken.

Konferenz der Bären

Für Bärenkonferenzen braucht man ein dickes Fell und eine besondere Art von Humor. Sind ausschließlich Bären an einer Sitzung beteiligt, wird daraus eher eine Junggesellenparty, ist der Bär der Sitzungsleiter, werden Konflikte und Probleme leicht unter den Teppich gekehrt. Optimal endet eine Bärenkonferenz, wenn der Chef sich für das gute Klima bedankt und die technischen Einzelheiten an kompetente Fachleute delegiert hat.

Bärenlösungen

Der Bär wird sich erst einmal des Problems versichern. Soll heißen, er wird darüber reden – lange, ausgiebig, mit den verschiedensten Personen, auch mit solchen, die von dem Problem keine Ahnung haben. Dem Bären ist das Problem nämlich fast immer egal, aber er plaudert gern darüber und ist sogar stolz darauf, eines zu haben. Hat er ein neues Problem gefunden, ist das alte sofort vergessen.

Bärenargumente

Und wenn es nicht im Guten geht, brauch ich Gewalt.
Ich hatte eben gerade Lust dazu.

Elefanten

Die zögerlichen Blockierer

Elefanten sind die größten noch lebenden Landtiere. Sie sind Pflanzenfresser, introvertiert, nachdenklich und zurückhaltend. Sie tun nur so, als wären sie auch psychisch dickhäutig, sind im Gegenteil aber sehr sensibel und vergessen nie etwas. Das kann gut und schlecht zugleich sein: Sie sind gelehrig, aber auch schrecklich nachtragend. Elefanten sind vor allem eines: stark. Das macht sie unangreifbar. Charakterlich sind sie sich alle sehr ähnlich: behäbig, gutmütig und lustig, aber gleichzeitig haben sie diese polternde, sich selbst zerstörende Veranlagung, die aus behäbigem Humor in Sekundenschnelle blinde Zerstörungswut macht.

Sie bewegen sich oft wie der sprichwörtliche Elefant im Porzellanladen, trotzdem können sie mit dem Rüssel noch die kleinsten Dinge ertasten.

Indische Elefanten kann man so zähmen, dass sie wie Haustiere arbeiten, roden und Lasten schleppen. Sie hören auf Kommandos, aber nicht immer und vor allem nicht von jedem. Elefanten sind nicht ungefährlich, und es sind mehr Menschen durch Elefanten zu Tode gekommen als durch Raubkatzen. Elefanten haben keine natürlichen Feinde – und wenn man die Typologie auf Menschen überträgt, könnte man sagen: Ihre einzigen Feinde sind sie selbst.

Menschliche Elefanten

Obwohl körperlich meist sehr ansehnlich und massig, sind menschliche Elefanten eher zögerlich und zurückhaltend. Sie sprechen wenig oder leise, beschweren sich aber nach gemeinsamen Beschlüssen, dass sie zu wenig gefragt worden sind. Sie sind die geborenen Zauderer und Blockierer. Obwohl sie kaum jemand angreifen würde, sind sie konfliktscheu und wollen es allen recht machen. Ihr Perfektionsanspruch lässt sie vorsichtig und langsam (langsamer als ein Leopard jedenfalls) denken, aber ihre Ergebnisse sind fundiert. Menschliche Elefanten haben eine unklare Körpersprache, sie kontrollieren sich so stark, dass keine Eleganz in ihren Bewegungen aufkommen kann.

Menschliche Elefanten können ihre Qualitäten besonders gut in Verwaltungen, Bürogemeinschaften und in der Politik umsetzen. Sie sind typische Angestellte, Beamte, Lehrer und

Landwirte. In Familienunternehmen mit Elefantenchefs findet man Stabilität und Sicherheit vor, bei ihnen muss man sich keine Sorge um die Erhaltung des »Kerngeschäfts« machen.

Elefantenpartner

Beruflich wie privat kann der Elefant mit jedem auskommen, allerdings nur auf Distanz. Der sprichwörtliche »Dickhäuter« verfügt nur scheinbar über eine dicke Haut. Doch dieser scheinbare Schutzwall wirkt: Zu ihm kann nur durchdringen, wer Zeit, Geduld und wahres Interesse an seiner Person hat. Wenn der menschliche Elefant erst einmal Vertrauen zu einer Person gefasst hat, bleibt er ihr allerdings lebenslang treu und kümmert sich rührend um sie. Einzelgänger wie den Tiger findet der Elefant besonders faszinierend, doch für den Alltag sucht er sich lieber so verlässliche und berechenbare Partner wie den Hund und den Bären.

Prominente Elefanten

Elefanten im Menschenkostüm sind Hans-Dietrich Genscher, Helmut Kohl, Angela Merkel, Hermes Phettberg und Heide Simonis, aber auch Komiker wie Heinz Erhardt, Stefan Raab und Emil Steinberger.

Elefantenchefs

Elefanten können überall arbeiten, aber ihr ganz persönlicher Stil wird hauptsächlich in Führungspositionen sichtbar. Dort bilden sie stabile, unsichtbare Netzwerke, über die sie im Hintergrund viel mehr bewegen, als man ihnen zutraut. In der Politik und bei wirtschaftlichen und sozialen Organisationen sind sie ebenso effektiv wie gefährlich. Sie sind die Erfinder der Küchenkabinette, in denen die wirklichen Entscheidungen gefällt werden. Sie delegieren nicht und misstrauen grundsätzlich allen bis auf ein paar wenigen Vertrauten. Von Demokratie halten Elefanten nicht viel, jedenfalls dann nicht, wenn die Mehrheitsmeinung von ihrer eigenen abweicht.

Elefantenattacken und die Abwehr

Hoffen Sie, dass Sie niemals einem Angriff echter Elefanten ausgeliefert sind. Ein wild trompetender Pulk trampelt einfach alles nieder, was ihm vor die Füße kommt. Menschliche Elefanten greifen anders an. Sie mauern, verweigern jeden Kontakt, schweigen und verstecken sich. Wenn Sie einen solchen Menschen gekränkt oder verletzt haben, versuchen Sie, ihm vorsichtig seine Angst zu nehmen – denn das ist das beherrschende Grundgefühl bei Elefanten –, und versichern Sie ihn Ihrer Solidarität. Flüchtet ein Elefant bei einer Diskussion in einen solchen »Verweigerungsangriff«, müssen Sie ihn ebenso vorsichtig wieder herauslocken. Zählen Sie Ihre Argumente noch einmal auf, wiederholen Sie alle Sätze von ihm, die er mit »könnte«, »sollte« und »würde vielleicht« bildet, mit »kann«, »soll« und »wird«, und geben Sie feste Termine bekannt, zu denen eine klare Entscheidung getroffen werden muss. Ansonsten hilft, was auch beim Angriff echter Elefanten wirkt: Feuer und Mäuse.

Lebensweisheiten der Elefanten

Wer nicht für mich ist, ist gegen mich.
Nur nicht auffallen.
Trau, schau, wem.
Mir doch egal, was die anderen denken.

Konferenz der Elefanten

Wenn nach Wahlen von einer Elefantenrunde die Rede ist, ist die Versammlung der wichtigsten Köpfe der Parteien gemeint. Das Ergebnis einer solchen Runde ist natürlich gleich null. Inhaltlich geben Elefanten nur Gemeinplätze kund und treten sie auch noch beharrlich breit, bis sie am Schluss ebenso groß wie dünn geworden sind. Treffen sich Elefanten zu einer Konferenz, muss man weder hitzige Debatten noch Resultate befürchten. Sie sind viel zu vorsichtig, misstrauisch und konfliktscheu, um tatsächlich Neues zu denken oder gar zu beschließen.

Elefantenlösungen

Probleme löst der Elefant durch beharrliches Abwarten, denn er hat erkannt, dass die meisten Probleme von selbst verschwinden, wenn man lange genug wartet. Wenn tatsächlich etwas übrig bleibt, wird es so lange sorgfältig von allen Seiten beobachtet, bis nur noch der hartnäckigste Rest des Problems überlebt. Dieser wird dann so lange beharrlich ignoriert, bis schließlich auch er verschwunden ist.

Elefantenargumente

Keiner versteht mich.
Ich will gar nicht, dass mich jemand versteht.

Hunde

Die ordnungsliebenden Rudeltiere

Die Hunde gehören derselben Familie an wie Füchse, Schakale, Kojoten und Wölfe. Als Rudeltiere fühlen sie sich nur in klaren Hierarchien wohl. Das Zusammenleben mit Menschen wird anstrengend, wenn sie keinen Chef ausmachen können; dann erheben sie sich selbst zum Rudelführer. Hunde sind gelehrig, besitzen einen starken Nachahmungstrieb und können daher vielfältig eingesetzt werden – als Kuscheltier, Joggingpartner, Hütehund und Blindenführer.

Menschliche Hunde

Man erkennt sie auf den ersten Blick an ihrer Körpersprache, die nie eindeutig ist. Menschliche Hunde lächeln und nicken gern, wenn sie anderen zuhören. Sie lieben die Harmonie und gehen Konflikten aus dem Weg – aber sie werden auch selten angegriffen.

»Hunde« sind immer nett und freundlich, weil sie selbst auf der Suche nach Zustimmung sind. Sie arbeiten schnell und zuverlässig und können ebenso gut organisieren wie delegieren. Ihre hervorstechendste Eigenschaft ist die absolute Treue und Loyalität gegenüber dem Chef, der Familie und Freunden.

Menschliche Hunde können ihre Qualitäten besonders gut in Bürogemeinschaften und im Dienstleistungssektor entfalten. Wenn sie einen starken Chef haben, sind sie glücklich. Als Beamte sind sie optimal untergebracht.

Hundepartner

Beruflich wie privat mag der Hund alle, die klare Forderungen an ihn stellen und seinem Leben einen Sinn geben. Großkatzen könnten das zwar gut, aber auf die Dauer hält er ihre Strenge und Kälte nicht aus. Er versteht sich – neben anderen Hunden natürlich – am besten mit Elefanten und Bären: gute Kumpel und Genießer wie er.

Prominente Hunde

Hunde im Menschenkostüm sind Dick Cheney, Franz Müntefering, Wolfgang Schüssel, Edmund Stoiber, aber auch brave Wachhunde wie Reinhold Beckmann oder Johannes B. Kerner.

Hundechefs

Nicht jeder ist als Anführer geeignet, der menschliche Hund am allerwenigsten – ist sein größtes Talent doch das Gehorchen. Also braucht der Hundechef einen Assistenten, ideal ist ein »Elefant«, der offiziell die zweite Geige spielt, tatsächlich aber sagt, wo's langgeht. Ihm wird der Hund blind vertrauen. Aus dieser Symbiose kann sich eine wirklich gute Führung entwickeln.

Hundeattacken und die Abwehr

Als die Hunde noch Wölfe waren, griffen sie nur im Rudel an. Vielleicht wirkt deshalb ein angreifender »Hund« so seltsam verloren und unkonzentriert. Einem »Hund« kann man schnell den Schneid abkaufen, indem man zum Gegenangriff übergeht. Menschliche Hunde ducken sich meist schon beim Angriff. Am meisten hasst der »Hund« ungewohnte Situationen. Deshalb sollten Sie ihm auf seinen Angriff nie mit derselben Waffe antworten: Schreit er, sprechen Sie leise; versucht er es mit Sarkasmus, antworten Sie freundlich; macht er unhaltbare Vorwürfe, reden Sie übers Wetter.

»Hunde« sind schreckhaft und, anders als Raubkatzen, nicht auf einen finalen Todesbiss aus. Deshalb kann man ihre Angriffe mit ein paar kleinen Drohgebärden zurückschlagen – und man kann sich dabei Zeit lassen.

Menschliche Hunde, die sich etwa im Büro zu kleinen Grüppchen zusammentun und in der Teeküche über Kollegen und Vorgesetzte herziehen, sind unangenehm, aber keine ernste Gefahr. Man kann sie sich einzeln vornehmen oder – wie es Löwen oder Tiger machen würden – einen Überraschungsangriff in der Teeküche starten und die ganze Meute anbrüllen.

Lebensweisheiten der Hunde

Verschiebe nichts auf morgen, verschiebe es auf nächste Woche.
Mit der Nase sieht man besser als mit den Augen.
Jeder Floh glaubt, er hätte den schönsten Hund.

Konferenz der Hunde

Besteht die Runde nur aus menschlichen Hunden, kommt es zum üblichen Rudelspiel: Der Anführer bestimmt, und alle folgen brav. Ist nur der Chef ein Hund, wird wenig herauskommen: Die anderen beharren auf ihren Standpunkten, und der Hund sorgt dafür, dass es keinen Streit gibt. Sind alle außer dem Chef Hunde, wird nichts Neues herauskommen. Bei Vollmond wird wenigstens gemeinsam gejault.

Hundelösungen

Ein Problem ist für Hunde eine schreckliche Herausforderung. Sie ahnen instinktiv, dass sie es nicht lösen können, laufen aber trotzdem ständig im Kreis darum herum und starren wie hypnotisiert darauf. Es muss doch irgendjemand kommen, der dieses Problem löst! Hunde laufen so lange, bis sie müde werden, sich hinlegen und einschlafen – und nach dem Aufwachen haben sie das Problem meist schon wieder vergessen. Auch eine Lösung.

Hundeargumente

Der Chef hat es so gewollt.
Irgendjemand wird das Problem schon lösen.
Ist doch nicht meine Aufgabe.
Ich habe es zuerst gesehen, also gehört es mir.
Das war doch nur ein Nickerchen.

Katzen

Die eigensinnigen Freigeister

Katzen sind selbstständig und eigensinnig. Auch wenn sie Raubtiere sind, stellen sie doch die weichste und harmloseste Form der Raubkatzen dar. Sie halten sich Menschen auf Distanz und sehen sie bestenfalls als nützliche Dosenöffner an.

Menschliche Katzen

Das Sicherste, was man über menschliche Katzen sagen kann, ist, dass sie unberechenbar sind. Das ist aber gleichzeitig das Reizvolle an ihnen – sie können ebenso anhänglich wie selbstständig sein, ebenso reizbar wie verspielt, ebenso melancholisch wie vergnügt. Was alle menschlichen Katzen vereint, ist ihr Tempowechsel – wenn sie schnell sind, sind sie sehr schnell, wenn sie langsam sind, sind sie geradezu träge, und die Wechsel geschehen blitzartig. Sie sind Individualisten, und sie zeigen deutlich, dass sie stolz darauf sind.

Menschliche Katzen können ihre Qualitäten besonders gut in der Selbstständigkeit ausleben. Sie lieben alles Neue und Technische. Beste Voraussetzungen für Medienberufe.

Katzenpartner

Die Katze liebt alle, die ihr ihre Freiheit lassen. Toleranz ist der erste Prüfstein für jeden, der einer menschlichen Katze nahe kommt. Am einfachsten sind Beziehungen mit Tigern und Leoparden, weil man sich kaum begegnen wird. Am unerträglichsten sind einer Katze die Bevormundung eines Elefanten und die selbstlose Aufopferung eines Hundes. Mit Bären zieht sie höchstens mal um die Häuser.

Prominente Katzen

Katzen im Menschenkostüm sind unter anderem die Grünenchefin Claudia Roth, der französische Präsident Jacques

Chirac, Veronica Ferres, Barbara Schöneberger, Eva Herrmann und die Entertainer Thomas Gottschalk und Harald Schmidt.

Katzenchefs

Katzenchefs sind angenehme Zeitgenossen, aber sehr sprunghaft. Ihre Sympathien sind nicht so festgelegt wie bei anderen. Aus einer Laune heraus kann die freundlichste Beziehung plötzlich in die Krise kommen. Katzenchefs muss man cool und kollegial begegnen, man sollte sie immer auf dem Laufenden halten und über jedes wichtige Vorkommnis sofort Bericht erstatten. Katzenchefs kommen nicht, sie lassen kommen.

Katzenattacken und die Abwehr

Katzen greifen aus heiterem Himmel an, oft nur wegen eines Missverständnisses. Ihre Attacken haben etwas Spielerisches, sie wirken nie sehr bedrohlich. Die Einzigen, die solche Angriffe nicht vertragen, sind Bären und Hunde.

Die Gegenstrategie bei einem Angriff durch eine menschliche Katze ist simpel – ignorieren Sie sie. Wenn man in einer Konferenz oder im Büro von einer menschlichen Katze angegriffen wird, reicht es meist schon, wenn man sich kurz abwendet und so tut, als müsste man sich auf etwas Wichtigeres konzentrieren. Wenn man sich der Katze wieder zuwendet, ist der Angriff schon wieder vorbei.

Lebensweisheit der Katzen

Chefs sind überflüssig, wenn sie meine Arbeit nicht erledigen.

Konferenz der Katzen

Sollten alle Konferenzteilnehmer Katzen sein, wird es laut und chaotisch zugehen, dafür inhaltlich mager: viel Krach, wenig Resultate. Eine Katze als Chef einer Sitzung ist dagegen eine gute Besetzung, denn sie beherrscht das lockere Spiel mit den verschiedenen Typen und versteht es auch, Konflikte schnell zu beenden.

Katzenlösungen

Katzen lösen kein Problem, sie ignorieren es. Sollte es davon nicht verschwinden, beauftragen sie andere damit, das Problem verschwinden zu lassen. Es muss nicht unbedingt gelöst werden, sie wollen davon nur nicht mehr belästigt werden. Hunde. Bären und Elefanten macht diese Einstellung ganz krank, aber sie sind auch immer diejenigen, die Katzenprobleme verschwinden lassen.

Katzenargumente

Mir ist aber gerade danach.
Wer nicht für mich ist, existiert nicht für mich.

Schlusswort

Neue Herausforderungen – alte Werte

An dieser Stelle möchte ich über einige Werte sprechen, deren zeitlose Richtigkeit ich jeden Tag wieder bestätigt bekomme – als Dompteur von meinen Tieren in der Manege und als Zirkusdirektor von meinen Mitarbeitern.

Verantwortungsbereitschaft

Die Bereitschaft, Verantwortung zu übernehmen, ist ein Wert, den ich früh kennen lernte – aber auch kennen lernen wollte. Schon als kleiner Junge kümmerte ich mich mit Begeisterung um die Choreografie von Schulaufführungen und dirigierte die Abläufe. Diese Rolle fiel mir zu, weil ich sie einfach übernahm. Kein anderer wollte sie. Es gibt die Verantwortung, die ich seit Jahrzehnten nicht nur für meine Familie trage, sondern auch für die Tiere und meine Mitarbeiter. Aber man hat auch eine Verantwortung sich selbst gegenüber. In meinem Zirkus gibt es viele motivierte Menschen, und immer wenn ich spüre, dass sich jemand für eine Aufgabe begeistert, überlasse ich sie ihm auch – in der Hoffnung, er wird daran noch weiter wachsen. Mein Sohn Max ist nach der Zirkusschule ans Gymnasium gegangen, aber nach seinem Abschluss hat es ihn doch wieder hierher zurückgezogen. Anscheinend hat auch er gemerkt, dass ein Zirkus wie der unsere das Schönste und Spannendste auf der Welt ist. Er ist jetzt der Juniorchef, aber in den nächsten Jahren wird das »Junior« wohl nach und nach verschwinden. Ich bin froh, dass er Verantwortung übernehmen will und sie nicht als Belastung sieht, sondern als Chance.

Aber es gibt auch Mitarbeiter, die seit Jahrzehnten bei mir arbeiten und kein Interesse daran haben, aufzusteigen, sich zu entwickeln und vielleicht einmal eine aufregendere Arbeit zu machen. Auch das ist in Ordnung, wenn diese Menschen dabei glücklich sind. Nicht jeder kann – aber auch nicht jeder, der könnte, will. Das muss ich akzeptieren. Es gibt Häuptlinge und Indianer, Dompteure und Raubtiere. Karriere ist nicht alles. Doch einer Verantwortung im Leben muss sich jeder stellen: der Verantwortung sich selbst und seiner Familie gegenüber.

Disziplin und Zuverlässigkeit

Die Werte Disziplin und Zuverlässigkeit sind das Fundament, auf dem mein Unternehmen steht. Im Zirkus muss sich jeder auf jeden in jeder Sekunde verlassen können. Aber es braucht sogar noch mehr: Jeder muss von jedem erwarten können, dass er für den anderen mitdenkt, Probleme und Gefahren voraussieht und hilft, sie zu beheben, auch wenn es nicht seine Arbeit ist. Wie meine Tiere, so lernen auch Menschen Disziplin nur dann, wenn man daraus eine Gewohnheit macht. Es gibt auch schlechte Gewohnheiten, und jeder weiß, wie schwer es ist, sie abzulegen. Der glückliche Umkehrschluss ist, dass sich auch gute Gewohnheiten nur sehr schwer abstellen lassen. Also gewöhnen Sie Ihre Kinder und sich selbst immer wieder an ein paar gute Gewohnheiten. Vielleicht kann man sogar für jede gute eine schlechte aufgeben.

Nach dem Besten streben

Was ich mir immer geleistet habe und worauf ich nicht verzichten möchte, ist meine eigene Meinung. Damit meine ich, dass man nicht jeder Mode hinterherlaufen und nicht alles mitmachen sollte, nur weil es eben gerade alle machen. Man muss zum Beispiel Geiz nicht geil finden, man kann diese Billigwelle sogar besonders dumm und schädlich finden. Früher waren sich wohlhabende Menschen und solche mit wenig Geld einig, dass man es sich nicht leisten kann, etwas Billiges zu kaufen. Reiche wussten um die Qualität, Arme konnten es sich nicht leisten, etwas zu kaufen, das schnell wieder kaputtging. Gutes hat seinen Preis – gute Nahrungsmittel und qualitativ hochwertige Kleidung ebenso wie sauberes Wasser, frische Luft, Reinheit und Stille, aber auch Kunst und Unterhaltung. Ein Zirkus jedenfalls wird bald pleitegehen, wenn er »billig« wird. Kein Zuschauer wird mehr kommen, denn unter solchen Umständen kann kein Zirkus mehr das Außergewöhnliche zeigen – und das Gewöhnliche will man in einer Manege nicht sehen. Wir müssen unseren Kindern wieder den Sinn für Qualität beibringen, denn nur wer das Gute kennen lernt, kann es auch schätzen. Wer mit Ersatzkultur aufwächst, will nichts anderes, weil er nichts Besseres kennt.

Etwas Besseres gibt es auch im alltäglichen Umgang miteinander. Sich »gentlemanlike« zu benehmen ist ein Begriff, der tagtäglich im Zirkus auftaucht. Das bedeutet mehr, als sich nur gut zu betragen, es ist unser Grundsatz: dem anderen so wenig Mühe wie nötig zu machen und so viel Freude wie möglich.

Die Manege des Lebens

Natürlich würde ich tierische und menschliche Verhaltensweisen niemals gleichsetzen, doch durch meine Erfahrung mit Raubtieren und Menschen kann ich immer wieder erstaunliche Ähnlichkeiten und Parallelen feststellen. Wir alle leben in unterschiedlichen Manegen, wir präsentieren uns einem immer wieder wechselnden Publikum und führen unsere Kunststücke vor. Unsere Reaktionen und Verhaltensmuster sind dabei im Grunde schlicht und vorhersehbar, denn unter dem Mantel der Zivilisation sind wir immer noch die alten Raubtiere.

Dieses Buch ist keine Anleitung dafür, wie man zum Raubtierdompteur wird oder zum gelehrigen Mitglied einer »Raubtiergruppe«. Doch ich hoffe, dass ich Ihnen hilfreiche Tipps geben konnte, wie Sie in Ihrer »Manege« bestehen können. Finden Sie heraus, ob Sie der Chef im Zentrum des Kreises sein wollen oder lieber auf einem Podest Platz nehmen möchten. Lernen Sie mit den Distanzzonen und dem Revierverhalten umzugehen. Setzen Sie nur das durch, was Ihnen tatsächlich am Herzen liegt. Konzentrieren Sie sich nicht darauf, sich selbst darzustellen, sondern arbeiten Sie auf ein gemeinsames Ziel hin. Zollen Sie anderen Respekt und fordern Sie ihn auch für sich. Suchen Sie Ihren Platz im Leben und verteidigen Sie ihn, wenn er angegriffen werden sollte.

Wenn Sie sich immer wieder vergegenwärtigen, dass Sie ständig in einer Manege auftreten, werden Sie auch Ihren ganz speziellen Platz darin bewusst und erfolgreich ausfüllen können.

Dabei wünsche ich Ihnen viel Erfolg.

Gerd Siemoneit-Barum

Bücher

Balcombe, J.: **Pleasurable Kingdom. Animals and the Nature of Feeling Good**, Palgrave Macmillan, 2006

Bueb, B.: **Lob der Disziplin. Eine Streitschrift**, List Verlag, 2006

Feddersen-Petersen, D.U.: **Ausdrucksverhalten beim Hund. Mimik, Körpersprache, Kommunikation und Verständigung**, Kosmos, 2007

Häusel, H.-G.: **Brain Script**, Haufe Verlag, 2006

Schels, W.: **Tierische Portraits**, Edition Stemmle, 2001

Schels, W.; Schwabenthan, S.: **Die Seele der Tiere. Gesichter, Gefühle, Geschichten**, Orbis, 2003

Spengler G.; Kallnich, J.: **Tierische Kommunikation. Tiere hören hin – Tiere bekennen Farbe – Tiere lügen nicht**, Edition Braus, 2004

Libet, B.: **Mind Time. Wie das Gehirn Bewusstsein produziert**, Suhrkamp, 2005

Molcho, S.: **ABC der Körpersprache**, Hugendubel, 2006

Morris, D.: **Catwatching. Die Körpersprache der Katze**, Heyne, 2000

Morris, D.: **Manwatching. Reisen zur Erforschung der Spezies Mensch**, Heyne, 2002

Pease, A.; Pease, B.: **Der tote Fisch in der Hand und andere Geheimnisse der Körpersprache**, Ullstein, 2006

Pöppel, E.: **Der Rahmen. Ein Blick des Gehirns auf unser Ich**, Hanser, 2006

Grenzen des Bewusstseins, Insel, 2006

Register

Nie wieder sprachlos!

240 Seiten, ISBN 978-3-442-16847-7

224 Seiten, ISBN 978-3-442-16575-9

Fußabtreter oder Traumfrau?

Sherry Argov

Warum die nettesten Männer die schrecklichsten Frauen haben ...

... und die netten Frauen leer ausgehen

Kann es sein, dass Sie zu nett sind?

Mosaik bei
GOLDMANN

16413

Mosaik bei
GOLDMANN

Der einfache Weg zum Nichtraucher!

144 Seiten, mit CD
ISBN 978-3-442-39142-4
€ 16,95

Endlich nicht mehr rauchen, aber trotzdem nicht zunehmen?
Paul McKenna, weltweit führend auf dem Gebiet der
Hypnotherapie, macht es möglich. Seine erstaunlich einfache
und erfolgreiche Methode hilft dabei, mit dem Rauchen
Schluss zu machen, und zwar ein für alle Mal!

Erotik pur

16686

16565